Berolinum Latinum

Der 1. Stadtführer auf Latein

VERGANGENHEITS
VERLAG

Felix Mundt /
Antonia Wenzel

Berolinum Latinum

Der 1. Stadtführer auf Latein

VERGANGENHEITS
VERLAG

Scriptricis Parentibus
Scriptoris Filio

Bibliografische Informationen der Deutschen Nationalbibliothek
Die Deutsche Nationalbibliothek verzeichnet diese Publikation in der Deutschen Nationalbibliografie; detaillierte bibliografische Daten sind im Internet über http://dnb.d-nb.de abrufbar.

ISBN:
978-3-940621-42-9 (Print) //
978-3-86408-053-1 (epub) //
978-3-86408-054-8 (pdf)

Redaktionelle Mitarbeit: Sabrina Lange, Christian Syperek

Grafisches Gesamtkonzept, Titelgestaltung, Satz und Layout: Stefan Berndt – www.fototypo.de

www.vergangenheitsverlag.de

Impressum

Inhalt

Editores lectori S. D. P.

Rogaverit fortasse quispiam, quid sibi velit illustratio urbis modernae Latine conscripta hisce temporibus, quibus lingua Latina nusquam fere auditur nisi in conclavibus scholarum et universitatum. Ut honeste dicamus, nescimus, sed speramus fore, qui hoc libello delectentur. Plus quam quinquies centena milia puerorum puellarumque in Germania litteras Latinas discunt, et nonnulli viri atque mulieres, qui in pueritia a magistris scripta Caesaris, Ciceronis, Ovidii legere cogebantur, cum ad firmatam iam aetatem pervenerint, libellum novum Latine conscriptum fortasse non solum non repudiabunt, sed etiam legent cum voluptate.

Accipe paucis, candide lector, quomodo acciderit, ut hoc opusculum, quod manibus tenes, conficeretur. Cum proximo anno Instituti Philologiae Classicae Universitatis Humboldtianae magistri et studiosi deliberaremus, quomodo Noctem Longam Scientiarum Berolinensem illustrare possemus, Stephanus Kipf artis didacticae professor Berolinensis auctor fuit, qui circuitus cum explicationibus Latinis per medias urbis regiones facere suasit. Praeter exspectationem permulti homines omnis aetatis illa nocte vel curiositate vel amore linguae Latinae adducti ad nos convenerunt. Adfuit etiam Alexander Schug domus editoriae cuiusdam Berolinensis possessor. Qui paucis diebus post electrogramma misit et rogavit, num in aedibus suis hodoeporicon Berolinense edere vellemus. Voluimus laborum, ut hodie fateri cogimur, ignari.

Medias tantum regiones urbis nostrae descripsimus eo consilio, ut et vetustiorum et recentissimorum aedificiorum rationem haberemus. E capite, ut exemplum afferamus, de Foro Potsdamensi facile intellegi potest linguam Latinam etiam ad res temporum nostrorum explicandas aptam esse.

Una cum nobis verbis Latinis contexendis operam dabant Svenia Bertram, Sandra Dobritz, Sabrina Lange, Sascia Lingthaler, Constantinus Schulz, Christianus Syperek linguae Latinae studiosae et studiosi, Ricarda Gaebel, Claudia Guelzow adiuvantibus.

Thomae Poiss collegae Berolinensi et Bernardo Schneider professori emerito Osnabrugensi, qui in verbis Latinis emendandis nobis adfuerunt, gratias agimus.

Si quid peccatum est sive in arte Grammatica sive in rebus historicis, ignosce, benevole lector, et certiores nos fac quaesumus, ut editio secunda, si qua erit deo et hominibus faventibus, emendatior evadere possit.

Berolini, Anno bis millesimo undecimo mense Septembri

Felix Mundt, Antonia Wenzel

De originibus regionis Berolinensis

Quamquam difficile est et archaeologi magis quam historici aut philologi tempora vetustissima perscrutari, laborem fugere nolimus et paucis referamus, quae in libris doctis scripta sunt.

Regio nostra formam suam abhinc amplius annis viginti milibus tempore glaciali accepit. Omnes discipuli, qui se in disciplinam scholarum Berolinensium tradunt, se in valle glaciali Berolinensi habitare, quae sita est inter planities Teltow et Barnim, discunt. Praeterea Germanos hic sedes habuisse a saeculo ante Christum natum sexto, quo tempore homines supellectilem et arma ferrea potius quam aenea facere coeperunt. Quia, ut ait Tacitus, carmina unum apud illos memoriae et annalium genus fuerunt, nihil scriptum exstat, quo historiam Germanorum illustrare possimus. Germanos Tuistonem deum terra editum coluisse, filium eius Mannum originem gentis suae esse credidisse, Manni filios tres populos condidisse, haec verba e Cornelio sumpta nemo rerum Germanicarum scriptor non decantavit, sed quid ad nos Berolinenses? Sunt qui dicant Semnones olim hic habitavisse, quos vetustissimos nobilissimosque Sueborum fuisse Tacitus iterum auctor est. Velleius Paterculus quodam loco dicit exercitum Romanum a Tiberio usque ad Albim perductum fuisse, quod flumen Semnonum Hermundurorum fines praeterflueret. Divus Augustus in Rebus Gestis memorat Semnones per legatos amicitiam suam et populi Romani petivisse. Tamen, quod e Strabone cognovimus, Romanos Albim transire vetuit.

De moribus Semnonum

Qui Semnones maiores nostros fuisse credat, fortasse libenter leget, quae Tacitus de moribus eorum conscripserit. Qua de causa verba eius hoc loco referamus:
„Vetustissimos nobilissimosque Sueborum Semnones memorant; fides antiquitatis religione firmatur. Stato tempore in silvam auguriis patrum et prisca formidine sacram omnes eiusdemque sanguinis populi legationibus coeunt caesoque publice homine celebrant barbari ritus horrenda primordia. Est et alia luco reverentia: Nemo nisi vinculo ligatus ingreditur, ut minor et potestatem numinis prae se ferens. Si forte prolapsus est, attolli et insurgere haud licitum: per humum evolvuntur, eoque omnis superstitio respicit, tamquam inde initia gentis, ibi regnator omnium deus, cetera subiecta atque parentia. Adicit auctoritatem fortuna Semnonum: Centum pagi is habitantur, magnoque corpore efficitur, ut se Sueborum caput credant." (Tacitus, Germania 39)

Sunt qui putent lucum illum Silvam fuisse Viridem ipsam, quam Berolinenses nostris temporibus petere solent non ut homines caedant, sed ut se canesque laetitia afficiant.

Labente imperio Romanorum cum Germani omnes sedes mutarent, etiam Semnones domos et vicos, ut ita dicamus, Cisalbinos relinquebant. Saeculis sexto et septimo Slavi in eorum fines immigrabant et vicini Germanis, qui remanserant, habitabant. Spandoviae et Copnici archaeologi nostrae aetatis reliquias arcum Slavorum reppererunt. Saeculo nono duas gentes Slavicas regionem nostram incoluisse scimus, Habellos sive Hevellos et Sprevanos. Saeculo decimo cum imperatores Ottones marchis et sedibus episcopalibus instituendis fines imperii propagare conarentur, Slavi Liutici arma sumpserunt et seditione magna anno DCCCCLXXXIII orta copias imperatorum Christianorum reppulerunt, ut per plus quam centum annos sui iuris essent et superstitionem servarent. Saeculo duodecimo Pribislaus rex Hevellorum erat, qui nomine Christiano Henricus appellabatur. Qui cum Adelberto cognomine Urso marchione amicitiam iunxit. Anno MCL, cum Pribislaus mortuus esset, Adelbertus arci Brandenburgensi et regno Hevellorum manum iniecit. Cum anno MCLVII etiam Jaxam principem Sprevanorum aemulum suum devicisset, primus marchio Brandenburgensis factus est. Octoginta annis post nomen Coloniae Marchichae primum scriptum esse videtur.

De Berolino condito fabella

Quia maioribus origines urbis nostrae nimis obscurae et ignobiles esse videbantur, scriptor quidam anonymus temporibus recentioribus hanc fabellam de Berolino condito conscripsit:

Albertus Ursus primus marchio Brandenburgensis cum aliquando in locis paludosis Spreae vicinis venaretur, itinere deerravit. Cum comites reperire non posset, in silva pernoctare coactus subito trans Spream lumen tremulae flammae vidit. Quod secutus brevi aedibus subliciis in aqua constitutis, quae nisi per angustum ponticulum ingredi non poterant, appropinquavit. Ostio pulsato servus quidam eum salutavit et in atrium facibus illuminatum duxit, ubi princeps viculi in pelle ursina sedit. Qui Adelbertum more Venedorum salutavit et ex eo quaesivit, quid vellet. Marchio se a sociis aberravisse et locum requiemque petere respondit, sed non declaravit, quis esset. Venedus „Tu quidem", inquit, „Christianus es, sed ego Rudolphus de Stralow etiam Christianos benigne recipere soleo. En aliquot pisces, ista in pelle requiescas!" Adelbertus autem, quippe qui mores Venedorum novisset, salem et panem petivit, ut una cum Venedis cenaret et hospitium sanciretur; ita vitam suam tutam reddidit. Rudolphus utrumque invitus dedit; sed tamen dedit. Itaque Adelbertus animo tranquillo somno se dabat. Sed requiescere non licuit, cum tumultus strepitusque cooriretur. Servi huc atque illuc concursaverunt, donec Rudolpho nuntiatum est omnia parata esse. Qui surrexit et signum profectionis dedit. Sine mora etiam Adelbertus surrexit et rogavit, quo proficiscerentur. Cum Venedus nequaquam respondere vellet, marchio eum de iure hospitii commonuit. Rudolphus se rebus divinis Triglavo deo faciendis interfuturum esse dixit. Adelbertus petivit, ut etiam sibi interesse liceret. Quod hospiti denegari non potuit. Veste pellicia induti lintrem ad ripam alligatam conscenderunt. Celeriter secundo flumine navigantibus multae lintres se adiunxerunt. Eo loco, quo Sprea in duas partes dividitur, ex lintre egressi sunt, ut ad templum Triglavi ascenderent. Ibi murmur ingens audiebatur; templum enim plenum Venedorum erat. Adelbertus oculos circumtulit. In extremo templo velum magnum conspexit, ex quo gemitus mirus sonabat. Tum sacerdotes vestimentis candidis induti intraverunt atque deo tricipiti preces adhibere et summa voce clamare coeperunt. Velo acerrimo cum clamore detracto Adelbertus terribile Triglavi simulacrum e vimento factum

vidit. Cuius intestina plena Christianorum captivorum fuerunt, qui pro victimis immolarentur. Cum sacerdos ad rogum substructum ignem admoveret, Adelbertus, ut religionis socios liberaret, gladium educere in animo habuit. Sed Rudolphus hospitem foras in noctem obscuram traxit, ne facto temerario mortem oppeteret. Tacentes in vicum Venedorum reverterunt. Cum eo pervenissent, Adelbertus comiti grave convicium fecit et „Ursulum" inquit, „in ista palude collocabo, qui Venedos opprimat, ne ullum Christianum iam cremare possent." Ursulus enim Theodisce „Baerlyn" vel „Baerlein" redditur.
Rudolphus obstupescens „Superba profecto" inquit „verba atque imperiosa facis! Quisnam es?" At ille: „Nonne me novisti? Adelbertus ille sum, quem Ursum appellant. Ursulus meus brancas finibus Venedorum iniciat et longe lateque paludibus arenisque imperet! At Stralow praesidio praecipuo fruatur, cum me hospitem acceperit – ea tamen condicione, ut primus quisque iactus piscium principi sit!"
Ita Baerolinum Germanicum prope Coloniam Slavicam conditum esse fertur; et diu oppida duo separatim floruisse, dum coniungerentur. Stralow autem in vico ex illo tempore iactum piscium quotannis celebratum esse.

Dubium non est, quin haec fabula temporibus recentioribus conficta sit, ne nomen urbis etymologia neve ursus, qui in Berolinensium insignibus cernitur, origine careret. Maior pars doctorum existimat verbum Berolinum neque Germanicum esse neque ad ursos pertinere, sed Slavicae originis esse et loca paludosa significare.
Rudolphus ille (ut nomen habens Germanicum) princeps Venedorum non erat sed eques quidam, qui saeculo tertio decimo Stralau paeninsulam possidebat. Cum dies festus iactus piscium „der Stralauer Fischzug" non ante saeculum sextum decimum institutus saeculo undevicesimo aboleverit, non desunt, qui veterem consuetudinem referre cupiant.

Ascende, hospes, si libet, anabathro Turrim Televisificam in Foro Alexandri exstructam et gaude specie urbis, quam ingressuri sumus. Ubi primum oculos satis pavisti, descende, ut te ducamus non solum per veteres partes mediae urbis, sed etiam per recentissimas. Sin urbem perlustrare non vis, sed potius domi recubans hunc libellum perlegis, fruere tamen descriptionibus explicationibusque nostris, vel, ut Procopi Gazaei verbis utamur, εἴ τί σοι γεγύμνασται πρὸς αἴσθησιν λεπτοτέραν ἡ θέα καὶ καθαρῷ φωτὶ τῶν σμικροτέρων ἀντέχεται, δίδου μοι ταύτην καὶ σκόπει, hoc est: „Si visus tibi est exercitatus ad subtiliter percipiendum, qui clara luce etiam minima cognoscit, committe mihi eum et contemplare."

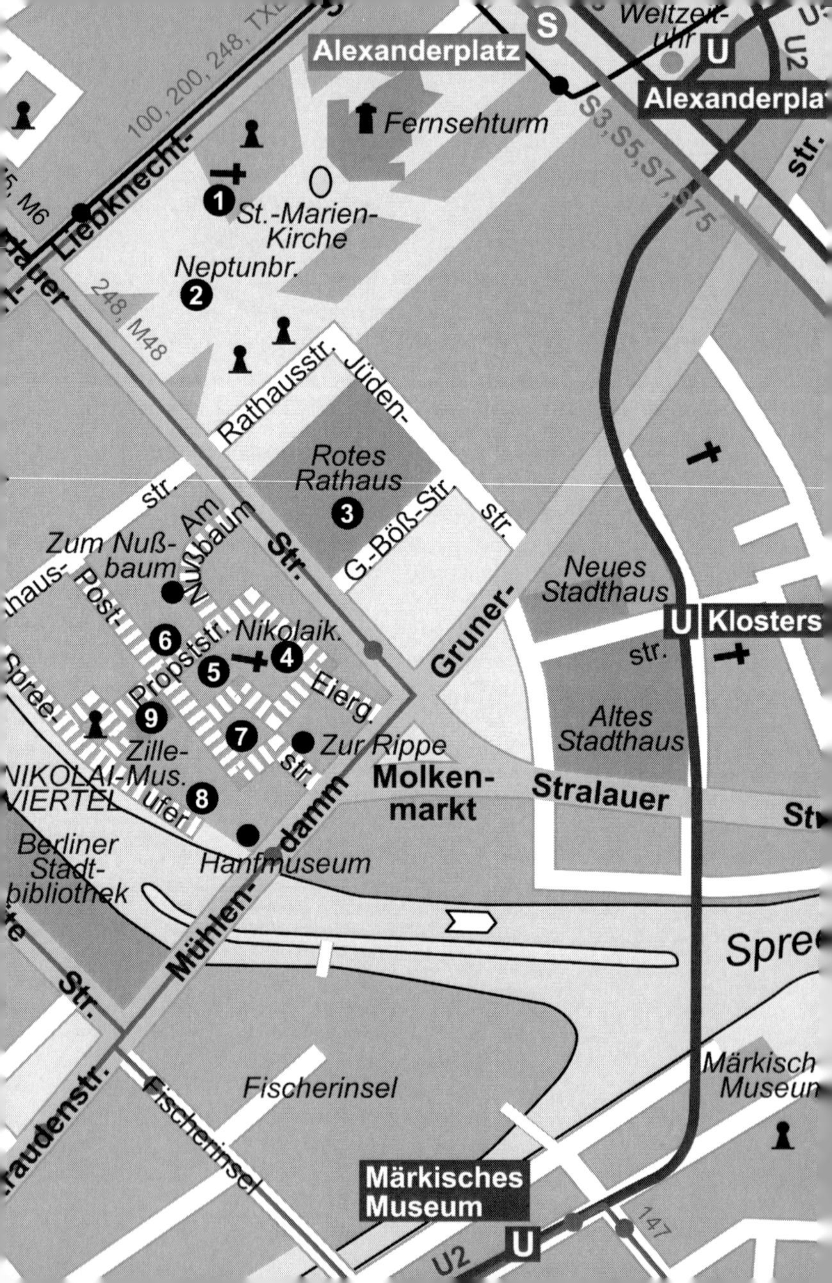
Alexanderplatz
Weltzeituhr
Alexanderplatz
Fernsehturm
100, 200, 248, TXL
Liebknecht-
M6
S3, S5, S7, S75
U2
1 St.-Marien-Kirche
2 Neptunbr.
248, M48
Rathausstr.
Jüdenstr.
Rotes Rathaus
3
G.-Böß-Str.
Am Nußbaum
Zum Nußbaum
Post-
6 Propststr.
5
4 Nikolaik.
Eierg.
Spree-
9
7
Zur Rippe
Zille-Mus.
Molken-markt
Stralauer
8
NIKOLAI-VIERTEL
ufer
Hanfmuseum
Berliner Stadt-bibliothek
Mühlen-damm
Gruner-
Neues Stadthaus
Klosterstr.
Altes Stadthaus
Spree
Str.
Fischerinsel
Märkisches Museum
Märkisches Museum
147
U2

Cursus primus –

Vici veteres Mariae et Nicolai

Vicus Mariae

Vehicula publica: [S/U] Alexanderplatz; [Tram] M2; M4; M5; M6; [Bus] TXL; 100; 200; 248; M48

1 – Ecclesia Sanctae Mariae

Inscriptio cursualis: Karl-Liebknecht-Str. 8, 10178 Berlin
Ecclesia cotidie patet horis X-XVIII. Saltationem mortuorum diebus Martis hora XIV visitatione per electrogramma praedicta (buero@marienkirche-berlin.de) visere potes (diebus Saturni et Dominicis horis XII-XX). Inter Kalendas Octobres et Apriles ianua hora XIX clauditur.
Pagina domestica: www.marienkirche-berlin.de

Sub Turri Televisifica sita est ecclesia Sanctae Mariae saeculo tertio decimo exeunte aedificata, quae viciniae suae nomen dedit. Cathedra duobus angelis insignis anno MDCCIII ab Andrea Schluetero facta, fastigium aeneum a Carolo Godehardo Langhans, qui etiam

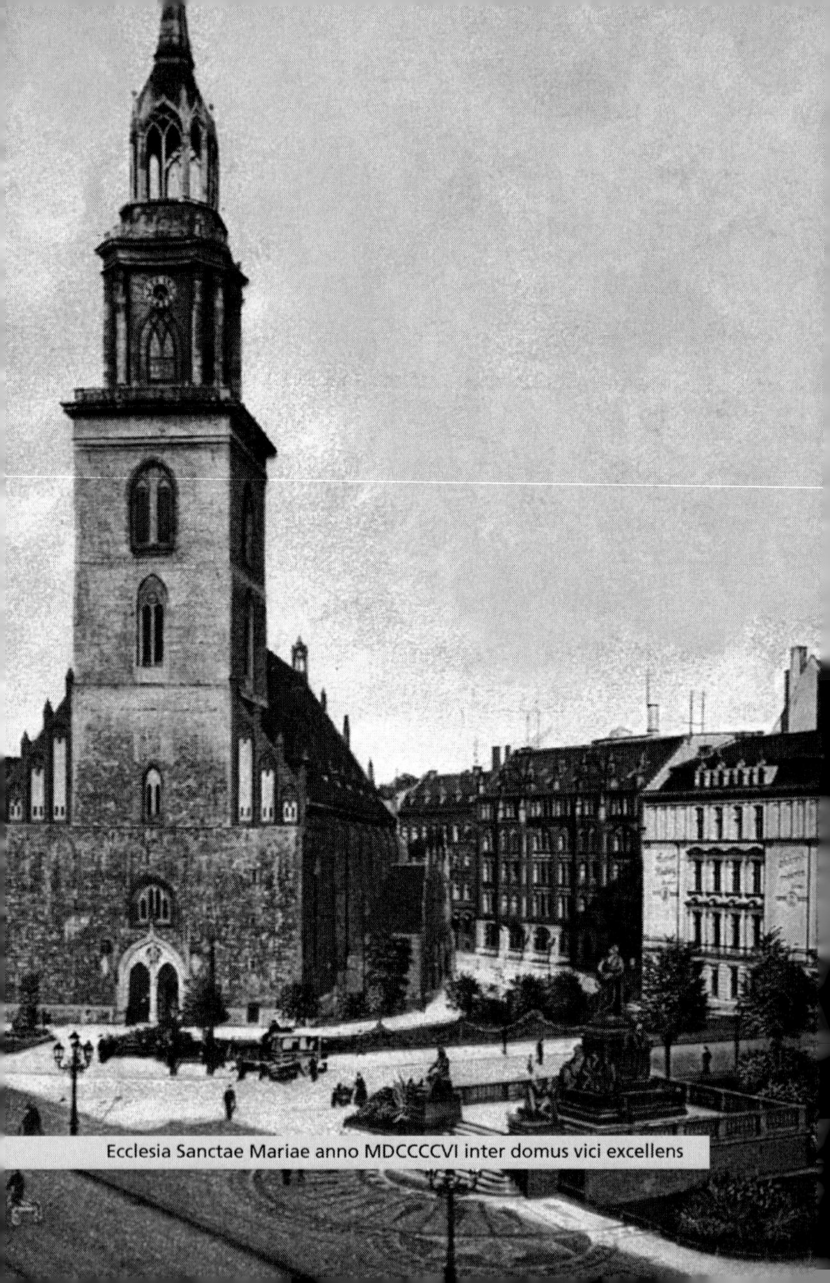

Ecclesia Sanctae Mariae anno MDCCCCVI inter domus vici excellens

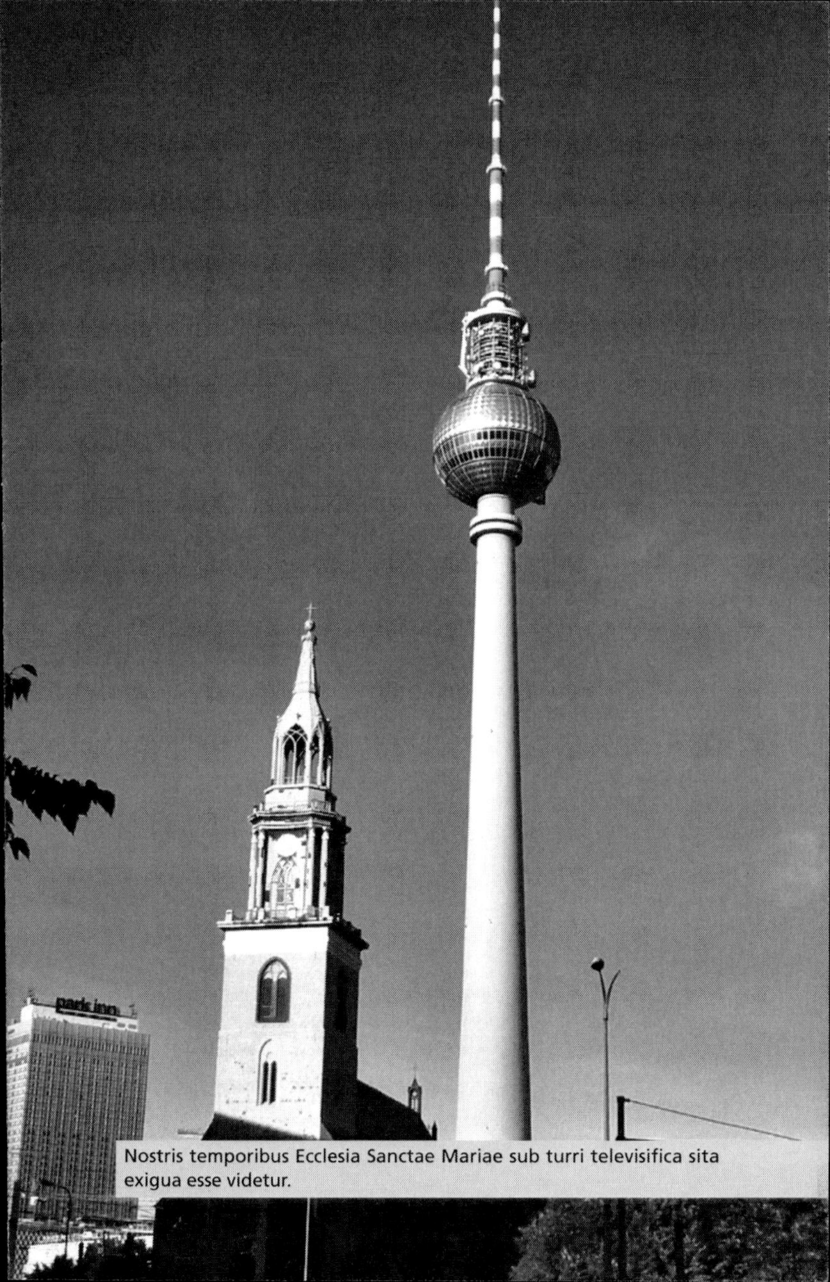

Nostris temporibus Ecclesia Sanctae Mariae sub turri televisifica sita exigua esse videtur.

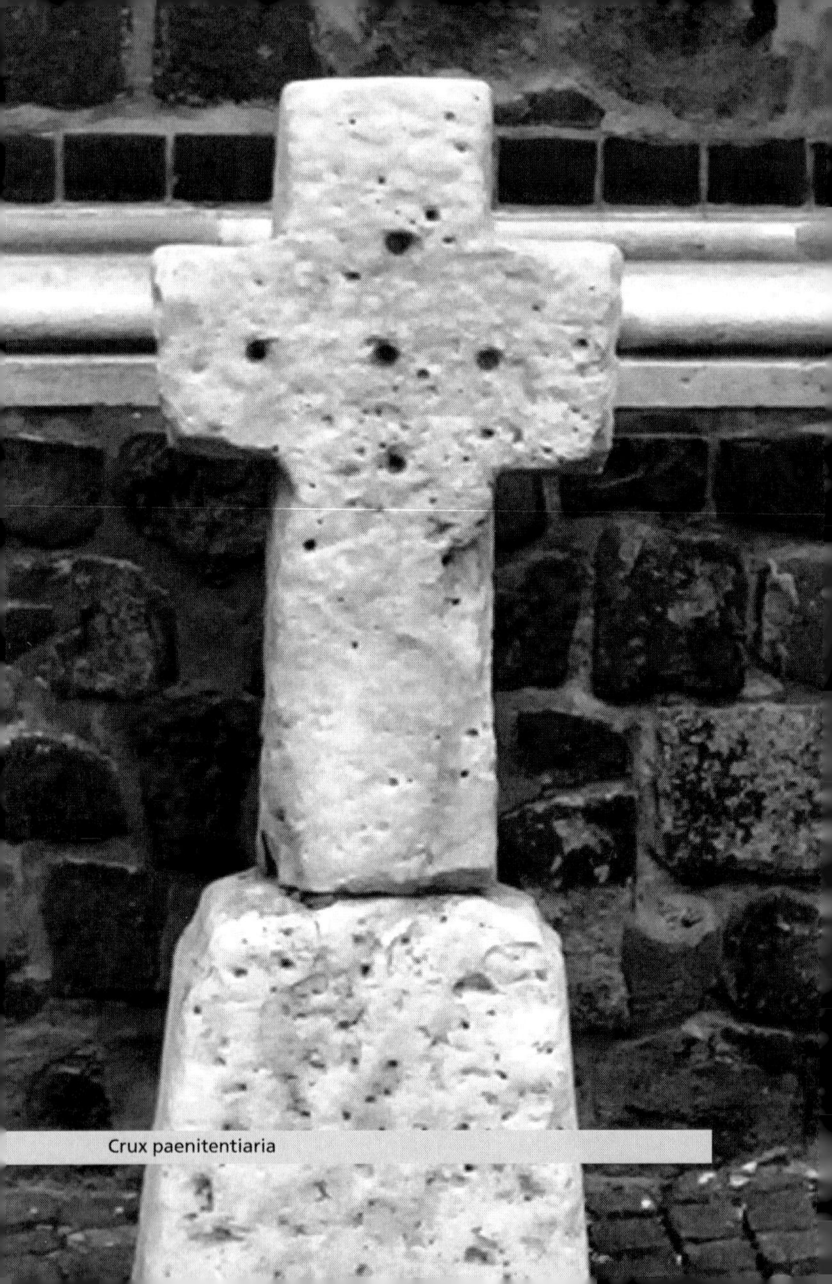

Crux paenitentiaria

Portam Brandenburgensem effecit, designatum, anno MDCCLXXXIX turri impositum est. Iuxta portam ecclesiae crux lapidea pervetus posita est. Quam cives Berolinenses saeculo quarto decimo paenitentiae causa sculpendam curaverunt. Anno enim MCCCXXV circiter Nicolaum praepositum Bernaviensem necaverant, cum in decima exigenda immitem se praebuisset et in oratione, quam ante ecclesiam Sanctae Mariae habuit, causam Ioannis XXII. papae defendisset. Qui regem Poloniae cum exercitu in Marchiam miserat, ut agros incolarum devastaret, qui Ludovicum regem Germaniae cognomine Bavaricum, sequerentur. Praeterea pictura udo illita dignissima est, quae visatur. Saltationem mortuorum monstrat. Homines utriusque sexus, omnis aetatis atque ordinis a sceletis pallidis palliis albis indutis abducuntur. Verisimile est pictorem ignotum anno MCCCCLXXXIV pestilentia infami initium operis perficiendi fecisse.

2 – Fons Neptuni

Fons Neptuni fontium illustrium urbis Romae aemulus anno MDCCCLXXXVIII a Reginaldo Begas sculptus, qui nunc inter ecclesiam Sanctae Mariae et Curiam Rubram situs est, quondam Forum Castellanum ad meridiem spectans ornabat. Civitas Berolinensis eum Guilelmo II. imperatori Germaniae dono dederat. Cum labrum duodeviginti metra in latitudinem pateat, quondam in maximis fontibus non solum Germaniae,

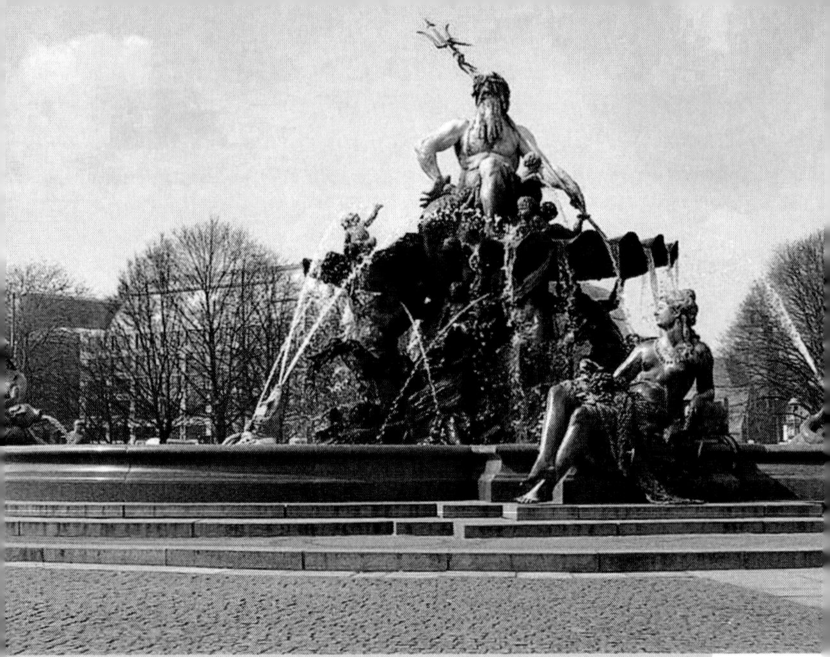

Fons Neptuni

sed etiam mundi numerabatur. Cum Castellum destructum esset, anno MDCCCCLI etiam fons rescissus est, ea tamen condicione, ut omnes partes conservarentur. Duodeviginti annis post eo loco, quo nunc cernitur, restitutus est. Neptunus deus maris sedet in concha ingenti scopulo imposita. Tridentem manu sinistra tenet, dextera femore nervoso nititur. Tritones quattuor concham sustentant, puti aquivomi et bestiae maritimae ludentes deum circumstant. Quattuor mulieres sedent vel recubant in margine labri. Quae Rhenum, Vistulam, Viadrum, Albim fluvios repraesentant.

3 – Curia Rubra

Inscriptio cursualis: Rathausstraße, 10178 Berlin
Curia patet diebus profestis horis IX-XVIII.

Curia Rubra, quae nomen accepit a colore laterum, sedes est consulis regentis senatusque Berolinensis. Curia vetus, quae antea illo loco sita erat, tribus ex partibus – curia, casula iudiciali, turri campanaria – composita erat. A saeculo tertio decimo exeunte etiam atque etiam incendiis detrimentum capiebat, restituebatur, commutabatur, augebatur. Saeculo denique undevicesimo civibus urbi modernae commoda non iam esse videbatur. Anno MDCCCLX Arminio Friderico Waesemann architecto negotium datum est, ut novam curiam aedificaret. Waesemann elementa architecturae Italicae, quae floruit tempore renascentium litterarum et architecturae Anglicae, quae dicitur Normannica, conflavit. Turris curiae turribus ecclesiae cathedralis Laudunensis similis est. Decem annis post opus perfectum est, ut anno MDCCCLXX a.d. VIII. Idus Ianuarias populares legati civitatis illuc convenire possent. Annis insequentibus parietes tabulati primi prostypis ornati sunt, quorum imaginibus historia vitae urbanae a medio aevo usque ad nostram memoriam expressa est. Iam anno MDCCCLXXXII curia telephoniis instructa est. Cum bello orbis terrarum secundo magnum detrimentum cepisset, inter annos MDCCCCLI et MDCCCCLV refecta est. Integritate urbis instaurata anno MDCCCCXCI magistratus partis occidentalis sedem mutaverunt et ex Curia Schoenebergensi in

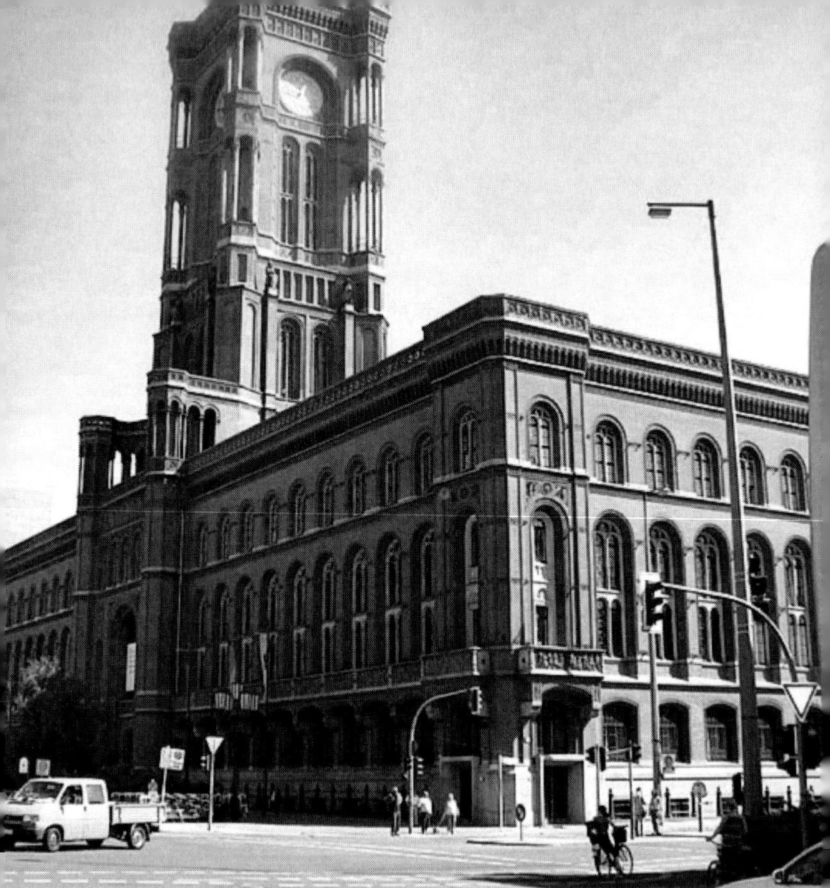

Curia Berolinensis Rubra

Curiam Rubram, quae iam antea sedes magistratus partis orientalis fuerat, migraverunt. Hospites consulis civitatisque in atrio splendido recipiuntur, cuius fenestrae insignibus omnium regionum urbis ornatae sunt.

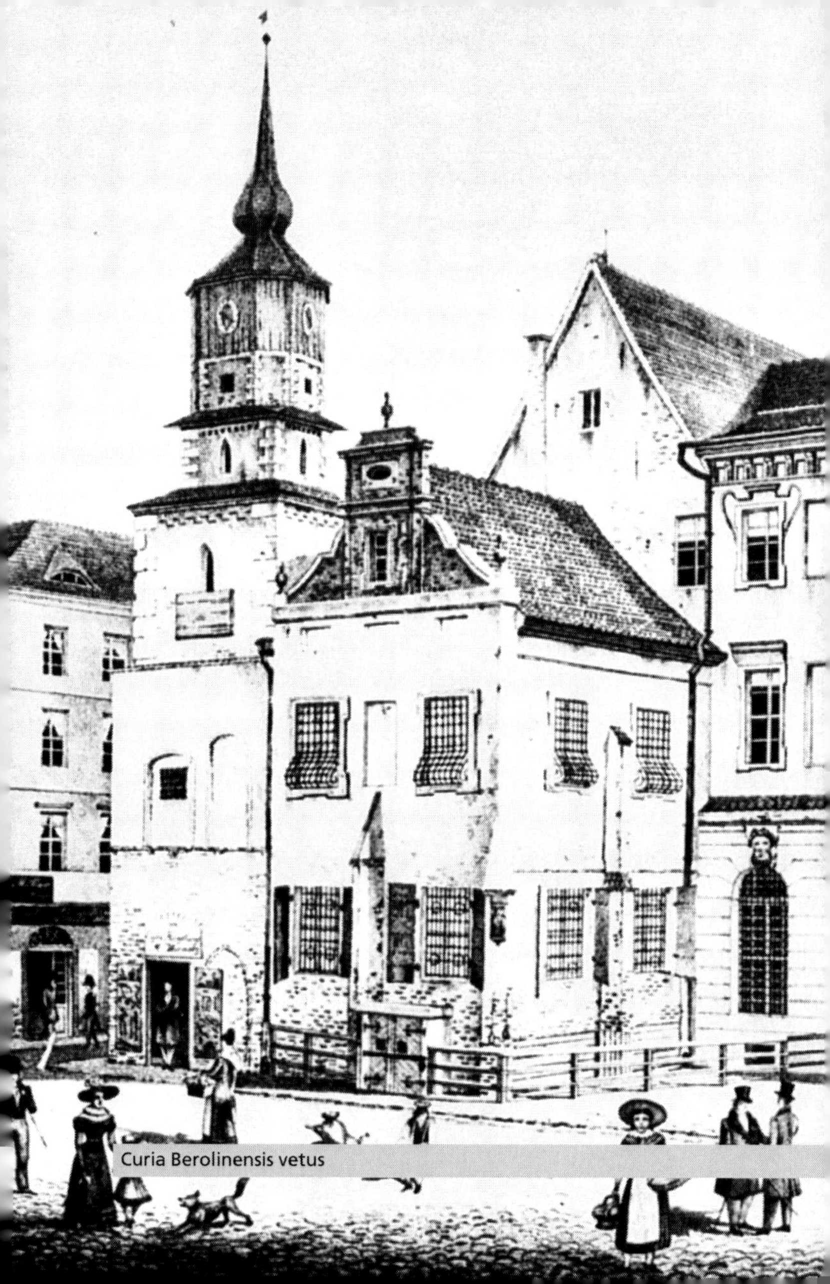

Curia Berolinensis vetus

Vicus Nicolai

Vehicula publica: [Bus] M48, 148; [Tram] M2, M4, M5, M6; [S/U] Alexanderplatz

Vicus Nicolai, qui est antiquissimus urbis Berolini, nomen accepit ab ecclesia vetustissima viro illi sancto et Myrae episcopo dicata. Tempore, quo Berolinum et Colonia oppidula condita sunt, vadum ibi erat, quo mercatores, qui via antiquissima et frequentissima inter Saxoniam et Balticum mare commeabant, Spream flumen transirent. His temporibus ripa Spreae ad orientem spectante, Via Curiali, Via Spandoviensi Foroque Vetere sive Molinario includitur. Qui originem vici nostri quaerit, originem urbis inveniet. Ecclesia enim vetus Sancti Nicolai paulo ante constructa est quam nomina Coloniae Marchicae et Berolini oppidulorum in documento inscripta sunt. Inter testes enim, qui anno MCCXXXVII litem de decima ecclesiastica magnam inter marchiones et episcopum Brandenburgenses compositam confirmaverunt, etiam nomen Symeonis cuiusdam plebani Coloniensis scriptum videmus. Sed difficile est ad origines urbis pervenire, cum antiquissima monumenta litterarum anno MCCCLXXX incendio absumpta sint. Cum ceterarum urbis partium aedificia mediaevalia, si qua supererant, saeculo undevicesimo diruta essent, ut novis aedificationibus locum darent, Vicus Nicolai usque ad initium saeculi vicesimi in statu antiquo permansit. Etiam magistratus socialismo nationali addicti vicum non commutaverunt, quamquam cogitaverant, ut media urbs secundum sua artis aedificandi praecepta conformaretur. Bellum orbis terrarum secundum haec consilia ad vanum redegit, bellum Vicum Nicolai veterem funditus delevit, disiecit, evertit. Cum praeter parietinas ecclesiae paucae tantum domus starent, usque ad annum MDCCCCLXXIX in dubio erat, utrum vicus in pristinum statum restituendus an nova quadam ratione coaedificandus esset. Tandem magistratus et architecti illius temporis mediam consilii viam ceperunt. Inter annos MDCCCCLXXXI

De tribus tabernis Vici Nicolai

Taberna Ad Nucem, quae saeculo sexto decimo aedificata olim in Insula Piscatorum sita erat, eo loco restituta est, quo antea domus praepositi ecclesiae Sancti Nicolai fuerat. Henrico Zille et Clara Waldoff hospitibus celebris est. Etiam taberna Ad Costam restituta est, cui costa permagna insigne est. Fama est temporibus antiquis filiam piscatoris ibi habitantis a gigante quodam raptam esse. Quem cum iuvenis amator puellae a nano rerum magicarum perito adiutus superavisset, costa monstri domui piscatoris affixa est ea condicione, ut etiam domo illa vetere destructa omnibus domibus, quas posteri hoc loco aedificarent, adiceretur. Itaque taberna, quae nunc locum illum obtinet, costa gigantis ornatur, quod re vera os ceti infelicis est. Casula Iudicialis anno MDCCCCLXXXVII et locum et speciem mutavit. Constat enim inter omnes formae aedificii restituti, nunc tabernae, nihil commune esse cum sede iudicum Berolinensium antiquissimis temporibus instituta. Etiam alterius Casulae Iudicialis, quae nunc Potestampii in horto Babelsbergensi saxis casulae veteris Berolinensis exstructa sita est, forma ab architecto quodam saeculi undevicesimi mutata est.

Maiores nostri tam severi fuisse dicuntur, ut etiam mortuos in iudicium adducerent. Nam cum equitem, qui anno MCCCLXXX incendium, quod supra commemoravimus, excitavisset, fugientem excepissent et trucidavissent, corpus eius in iudicium vocaverunt, capitis damnaverunt, decollaverunt. Hanc fabellam caupo tabernae Ad Casulam Iudicialem narrare solet, ut animis periegetarum gratum metum iniciat. Nos autem anilia ista linquamus, ut revertamur ad historiam monumentorum.

et MDCCCCLXXXVII ecclesia et aedificia aliquot praestantiora loco aut vetere aut mutato restituta, alia ex laminis, ut tunc mos erat, nova aedificata sunt. Viae et angiportus secundum veterem discriptionem vici dispositi sunt.

4 – Ecclesia Sancti Nicolai

Inscriptio cursualis: Nikolaikirchplatz, 10178 Berlin
Ecclesia Sancti Nicolai cotidie patet horis X-XVIII.
Pagina domestica: www.stadtmuseum.de

Cum sacellum Sancti Nicolai prius saeculo tertio decimo e saxis exstructum esset, anno MCCCCLXXX aedes latericia una turri ornata confecta est, quam his diebus restitutam videmus. Parietes veteres saxei etiamnunc sub turribus ad occidentem spectantibus cerni possunt. Turris altera anno MDCCCLXXVIII addita est. Cum anno MDCCCCXXXVIII missa ultima celebrata esset, huius aetatis hominibus ecclesia musei vice fungitur et ad concentus musicos faciendos usui est. Proximo abhinc anno cathedra ecclesiae Fratrum Minorum in bello deletae illuc translata est.

Anno MDXVII Ioannes Tetzel famosus paenitentiae veniarum venditor et Lutheri inimicus ibi orationem habuit. Paulus Gerhardt poeta religiosus, qui una cum Ioanne Crueger cantore nonnulla carmina fudit, quae usque ad hunc diem in ecclesiis Germaniae audiuntur, inter annos MDCLVII et MDCLXVII sacerdos, Philippus Iacobus Spener theologus ab anno

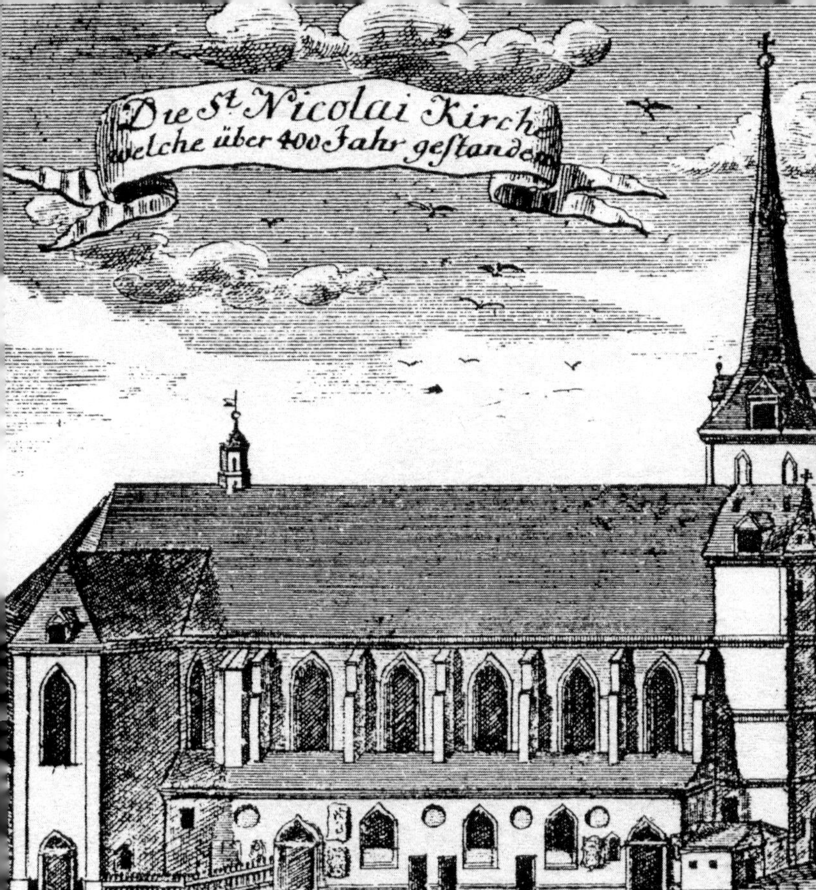

Ecclesia Sancti Nicolai anno MDCCXL una turri ornata

MDCXCI praepositus Sancti Nicolai fuerunt. Duobus partibus urbis coniunctis anno MDCCCCXCI a.d. III. Idus Ianuarias magistratus urbani in ecclesiam convenerunt, ut primam contionem novae aetatis loco tam venerabili haberent.

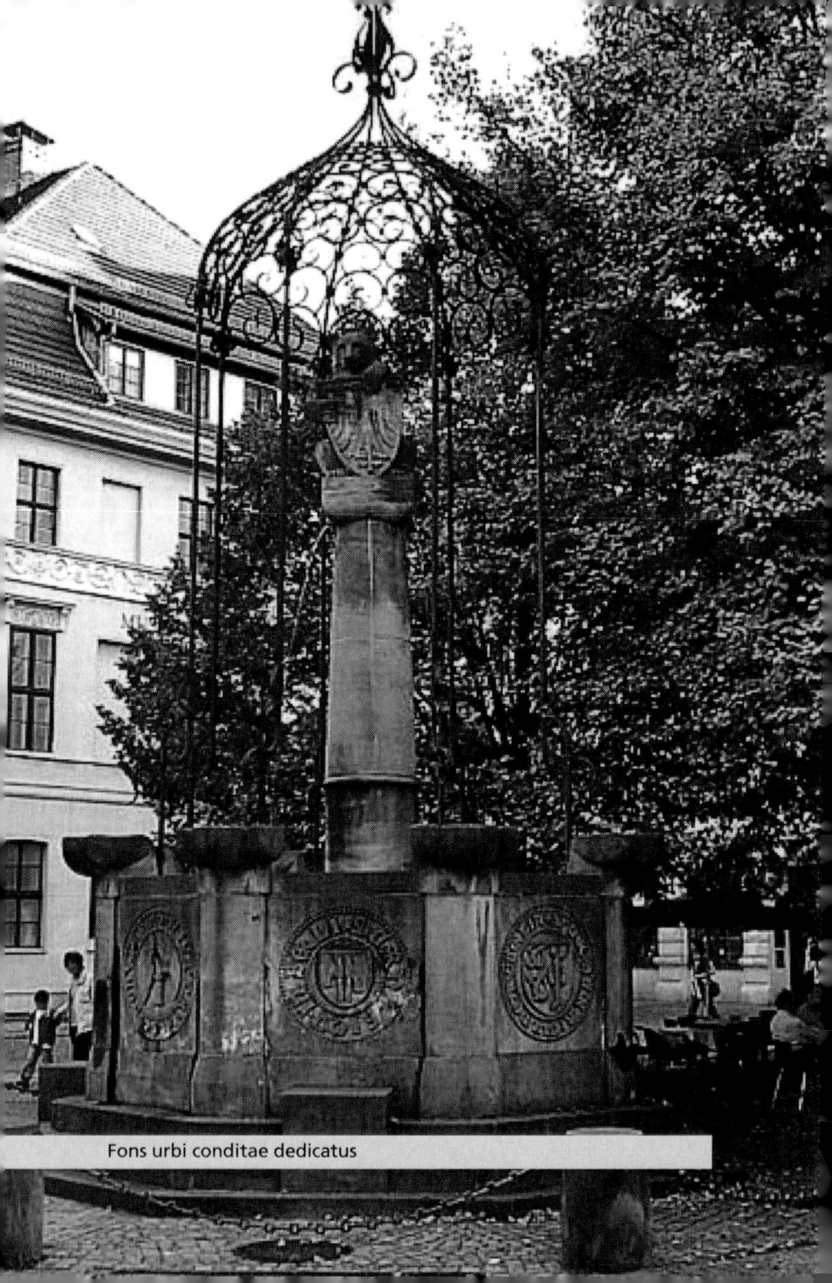

Fons urbi conditae dedicatus

5+6 – Fons Urbis Conditae et Sigillum Urbis

Fons urbi conditae dedicatus anno MDCCCCLXXXVII a Gerardo Thieme sculptore Berolinensi factus est. Medium labrum octogonale insignibus et sigillis ornatum columna sex metrorum tenet, qua sede ursus scutum ungulis tenens utitur. Magister Gerardus etiam statuas fecit, quibus Vicus Nicolai ornatus est, ut exemplum afferamus, „Homines vere Berolinenses tres“, qui sunt Nante baiulus cognomine Angularius, puer tabernae sutrinae alumnus, anus florum venditrix. Praeterea sigillum urbis praegrande ex officina eius prodiit, quo in memoriam redigatur cives Berolinenses a marchionibus Brandenburgensibus gentis Ascaniae anno MCCXXX circiter iure burgensi donatos esse.

7 – Domus Urbana Knoblauch

Inscriptio cursualis: Poststr. 23, 10178 Berlin
Museum Domus Knoblauch cotidie patet (diebus Lunae exceptis) horis X-XVIII (diebus Mercurii horis XII-XX).
Pagina domestica: www.stadtmuseum.de

Anno MDCCLXI Ioannes Christianus Knoblauch acuarius dives domum illam pulchram aedificari iussit, ut familia sua domicilium magnificum haberet. Filius eius Carolus Fridericus officinam et institorium ibi instituit, in quo vestes et redimicula serica venibant. Opifex tam probatus fuit, ut rex ipse Fridericus Guilelmus II. limbos in usum aulae

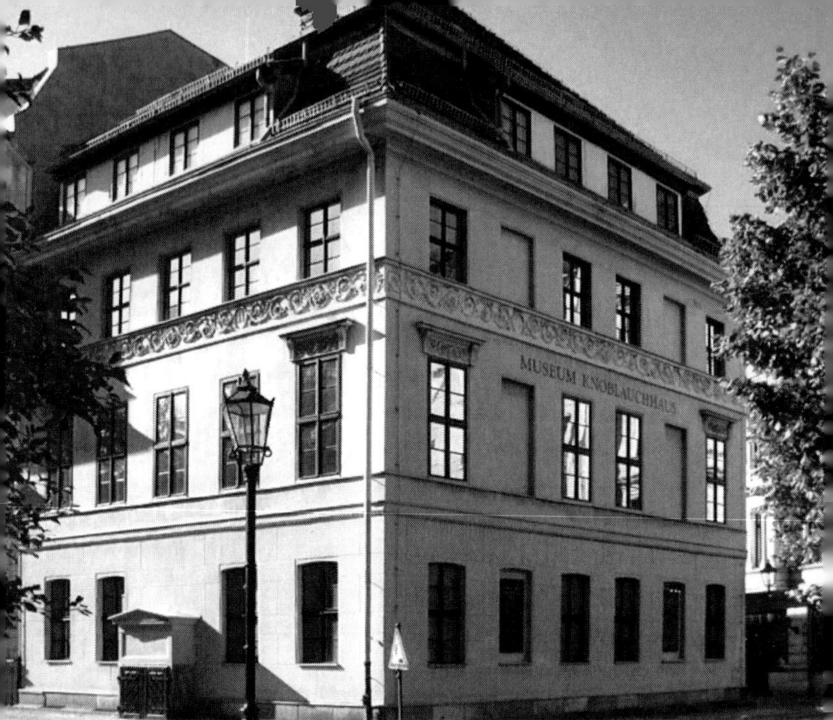

Domus urbana Knoblauch

faciendos locaret. Carolus Fridericus duos filios habuit, quorum minor natu Eduardus architectus Synagogen Novam Berolinensem aedificavit. Annis MDCCCVI et MDCCCXXXV domus secundum praecepta artis classicisticae commutata est. Cum belli superstes fuisset, anno MDCCCCLXXXIX museum excepit, in quo supellex et instrumenta aetatis, quae dicitur Biedermeier, exhibentur. Praeterea exemplaria epistularum aliorumque monumentorum litterarum gentis Knoblauch inspici possunt.

8 – Domicilium Urbanum Ephraim

Inscriptio cursualis: Poststr. 16, 10178 Berlin
Museum Domicilii Urbani Ephraim cotidie patet (diebus Lunae exceptis) horis X-XVIII (diebus Mercurii horis XII-XX).
Pagina domestica: www.stadtmuseum.de

Antequam Nathanael Veitel Heine Ephraim argentarius anno MDCCLXII fundum ad Viam Cursualem situm emit, pharmacopola quidam et Philippus Gerlach architectus regius ibi habitaverunt. Ephraim immensum lucrum fecerat, cum Fridericum II. regem cognomine Magnum nummis adulterinis editis adiuvit, ut in bello septennali milites stipendio afficere posset. Dum bello confecto inter annos MDCCLXII et MDCCLXV in Ephraimitis, ut nummi illi appellati sunt, recuperandis occupatus est, Friderico Guilelmo Diterichs architecto, qui artem illam aedificandi callebat, quae Rococo appellatur, negotium dedit, ut novum domicilium exstrueret. Alae duae aedificii prope compitum vestibulo rotundo inter se coniunctae sunt. Quod maeniano lato columnis octo sustento ornatum est. Rex ipse columnas e palatio legati cuiusdam hostium surripi iussisse dicitur. Frons aedificii putis pulchellis pluteisque aureis refulget.

Biedermeier quid sit

Aetas illa nomen accepit a Theophilo Biedermeier, quo falso nomine usi Ludovicus Eichrodt poeta et Adolphus Kußmaul medicus carmina festiva in lucem protulerunt. Vox Theodisca „bieder" Latine „frugi" redditur. Voce Biedermeier artes et cotidianae vitae ratio hominum significatur, qui erant inter annos MDCCCXV et MDCCCXLVIII. Illis temporibus navum, honestum, modestum, pusilli animi esse oportuisse dicunt, quicumque speciem viri boni habere voluit.

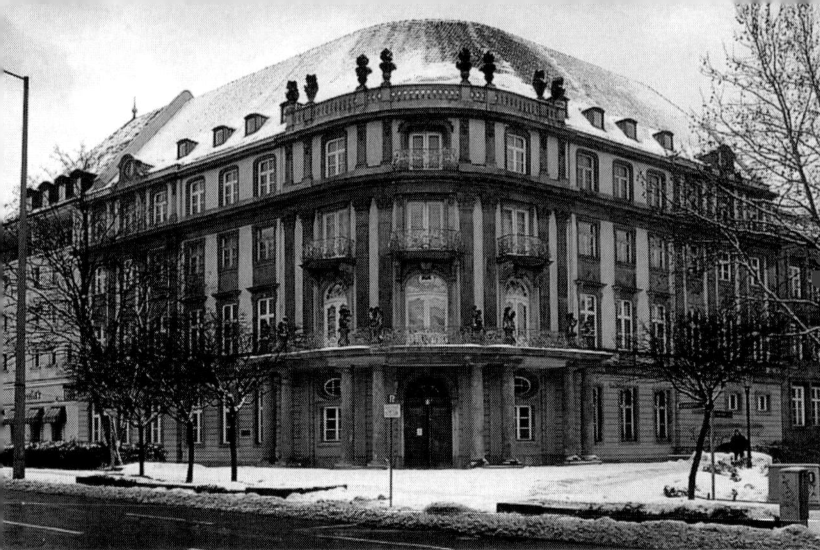

Domicilium Urbanum Ephraim

Medio saeculo undevicesimo Domicilium Ephraim in possessionem civitatis Berolinensis venit et tabularium factum est. Anno MDCCCCXXXVI destructum est, ut viae latiori locum daret, ea tamen condicione, ut loco vicino restitueretur. Saxa, columnae, ornatus prope Portum Occidentalem deposita sunt. Ita evenit, ut bello orbis terrarum confecto disiectae membra domus in parte urbis ad occidentem spectante collocata essent. Facile est intellectu, doctissime lector, aetate belli frigidi inter magistratus duarum partium urbis dissensionem de restitutione fuisse. Anno MDCCCCLXXXII saxa tandem rediviva in urbem orientalem missa sunt, ut rursus domus fierent. Nunc Domicilium Ephraim, ut et Domus Knoblauch et Ecclesia Sancti Nicolai, pars est Musei Marchici.

9 – Museum Zille

Inscriptio cursualis: Propststr. 11, 10178 Berlin
Museum Zille cotidie patet horis XI-XVIII (mensibus Aprili-Octobri horis XI-XIX).
Pagina domestica: www.heinrich-zille-museum.de

Henricus Zille pictor et photographus ut saeculo vicesimo ineunte inter collegas infamis factus est, ita apud populum laude ac gloria floruit, cum vitam cotidianam proletariorum Berolinensium potissimum depingeret mediis, ut dicere solebat, suis locis. Picturis sententias breves idiomate et more proprio dicendi Berolinensium conscriptas addere solebat, quibus amara urbanitas plebis illustraretur. Paulo post etiam apud ceteros artifices, velut Maximilianum Liebermann, et magistratus Berolinenses tanto in honore erat, ut „Pater“ appellaretur. Post bellum orbis terrarum confectum nonnullae collectiones et musea minora in utraque parte urbis erant operibus Henrici Penicilli, ut quondam per iocum vocabatur, dedicata. Anno MMII Museum Zille in vico Nicolai sumptibus privatorum institutum est.

Rococo quid sit

Genus artis, quod Rococo appellatur, saeculo duodevicesimo ineunte in Gallia ortum ex baroco profectum est, a quo praecipue differt symmetria abolita. Aedificia huius generis grata rotunditate, latioribus spatiis interiectis, elegantissimis ornamentis leviora esse videntur quam aedificia baroci. Fridericus II. rex, quippe qui morum, artium, philosophiae Gallorum amator esset, hanc artem in Prussiam induci iussit, unde Rococo Fridericianum dictum est.

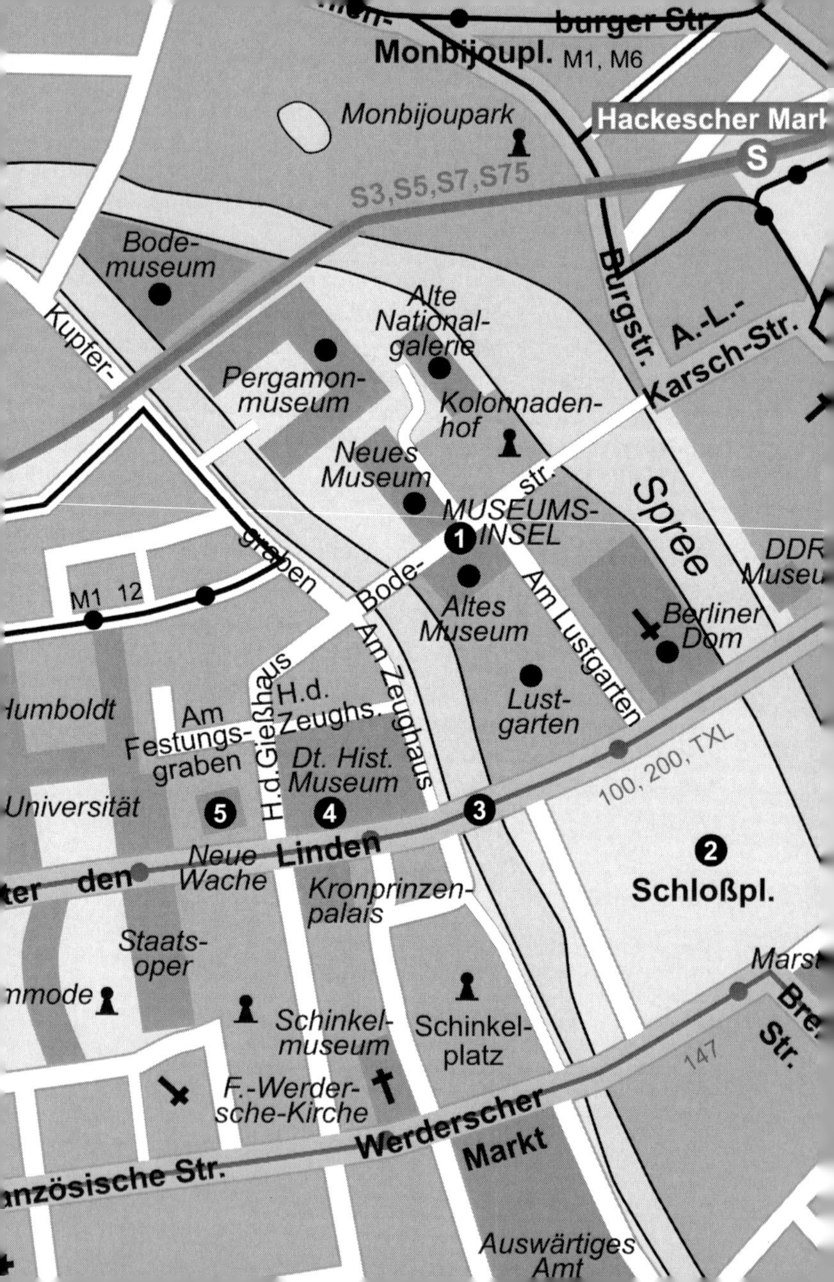

burger Str.
Monbijoupl. M1, M6
Monbijoupark
Hackescher Markt
S
S3,S5,S7,S75
Bode-
museum
Kupfer-
Alte
National-
galerie
Pergamon-
museum
Kolonnaden-
hof
Burgstr.
A.-L.-
Karsch-Str.
Neues
Museum
str.
MUSEUMS-
INSEL
1
Spree
DDR
Museu
graben
M1
12
Bode-
Altes
Museum
Am Lustgarten
Berliner
Dom
Am Zeughaus
Lust-
garten
Humboldt
Am
Festungs-
graben
H.d.Gießhaus
H.d.
Zeughs.
Dt. Hist.
Museum
100, 200, TXL
Universität
5
4
3
2
Neue
Wache
Linden
den
Schloßpl.
Kronprinzen-
palais
Staats-
oper
Marst
Bre
Str.
Schinkel-
museum
Schinkel-
platz
147
F.-Werder-
sche-Kirche
Werderscher
Markt
Französische Str.
Auswärtiges
Amt

Cursus Secundus –

Per Insulam Museorum ad Custodiam Novam

1 – Insula Museorum

Vehicula publica: [Bus] 100, 200, TXL; [S/U] Friedrichstraße; [Tram] M1 Georgenstraße/Am Kupfergraben

Ubi nunc musea cernis, olim hortum fuisse

Pars septemtrionalis insulae in Sprea fluvio sitae, quam partem his temporibus „Insulam Museorum“ appellamus, olim hortus arcis sive castelli Berolinensis erat. Cuius rei memoria foro illo exiguo colitur, quod inter Ecclesiam Cathedralem Protestanticam et Museum Vetus situm „Lustgarten“ appellatur. Fridericus Guilelmus elector magnus medio saeculo septimo decimo hortum augeri et vere delectabilem fieri iussit. Formam horti illius e Tabula Memhardtiana facile cognosces.

Friderici Guilelmi nepos eiusdem nominis hortum delevit, ut campus atque castra ibi instituerentur. Carolus Fridericus Schinkel architectus centum annis post speciem insulae Museo Vetere et Ponte Castellano exstructis pulcherrimam reddidit.

De Ioannis Sigismundi Elsholtz medici descriptione Horti Berolinensis

Priusquam museorum aedificia inter annos MDCCCXXVIII et MDCCCCXXX constructa perscrutamur, commemorandum est Ioannem Sigismundum Elsholtz Botanicum et Medicum electoris magni anno MDCLVII ecphrasin horti delectabilis conscripsisse, quam nuper in lucem protulimus. Elsholtz etiam complura aedificia descripsit, quae in horto sita erant. Ex libro eius cognoscimus iam saeculo septimo decimo fuisse, quam rem his temporibus „Erlebnisdusche" vocamus. Ecce descriptio cryptae sive domus delectabilis:

Crypta „interiore latere ostentat aquilam Brandenburgicam opere cryptico ex conchis aequoreis tam affabre concinnatam, ut colores requisiti vel absque pictura exprimantur. Ingressus jam, oculisque per parietes octangulares circumactis in marini dei regiam tibi delatus videberis, ita omnia testaceis pelagicorum piscium operimentis incrustata, corallorumque arbusculis interstincta renident. [...] Verum in regno illo aquatico tantam rerum varietatem [...] mirari desines, si hic praeter Aquilas etiam Aethiopes, et Satyros marinos conspexeris: et hydraulicam avium per fistularum maeandros susurrantium cantilenam audiveris. Ita hic oculi pascuntur, et aures, quin et tactus objectum suum sentiet, si subita irrigatione corpus tuum humectari desideres. Iube modo Praefectum, et actutum pluviam habebis artificiosam, quae capiti tuo, nisi repente te subtraxeris, undecunque ingruet." (J. S. Elsholtz, Hortus Berolinensis, Liber primus, Cap. VI, p. 78 ed. Mundt/Humar)

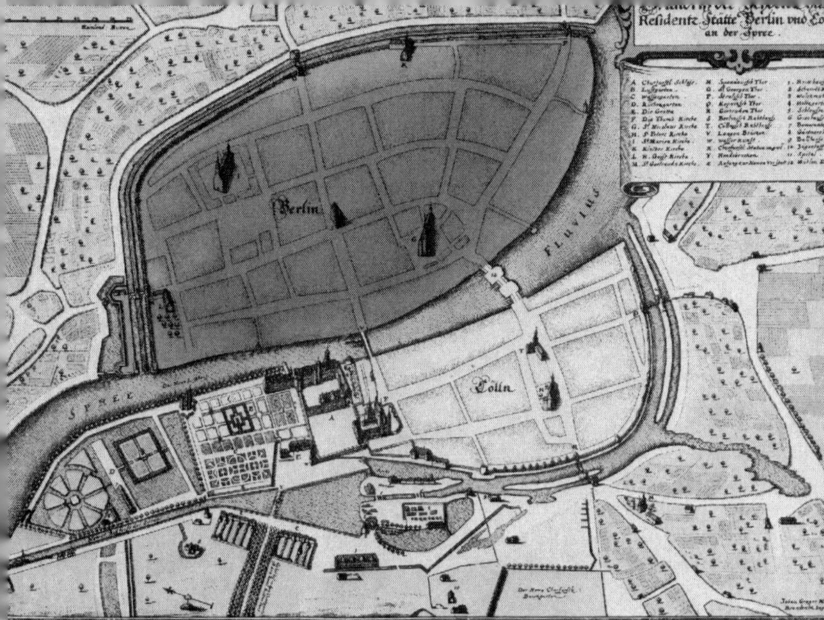

Tabula Memhardtiana anno MDCLII confecta insulam cum horto exhibens

Museum Bodianum

Inscriptio cursualis: Am Kupfergraben 1, 10178 Berlin
Museum Bodianum cotidie patet horis X-XVIII
(diebus Iovis usque ad horam XXII).
Pagina domestica: www.smb.museum/smb

In extrema insula Museum Bodianum situm est, quod a Guilelmo a Bode conditore nomen accepit. Ibi collectionem nummorum, collectionem artis sculpendi et Museum artis Byzantinae inspicere potes. Collectio numismatica, quae quingenta milia rerum numismaticarum continet, in maximis eius generis collectionibus numeratur. Varietas integritasque serierum nummorum et emblematum, quae ab anno

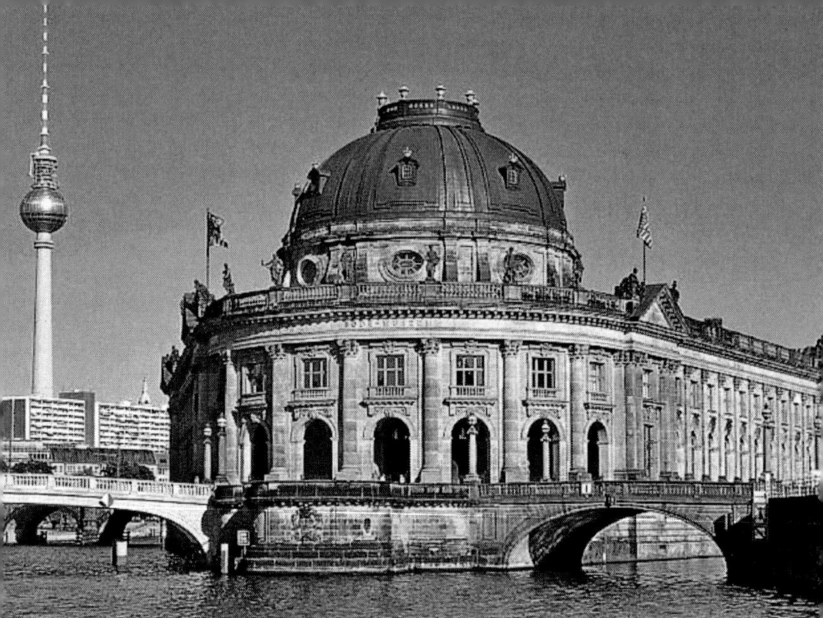

Museum Bodianum

ante Christum natum septingentesimo usque ad nostram memoriam cudebantur, satis laudari non potest. Praeter nummos atque emblemata collectio nummorum chartaceorum, collectio sigillorum, varia genera pecuniae, quibus populi ut ita dicamus primitivi utebantur, instrumentaque ad nummos cudendos necessaria exhibentur. Inter imagines nummis impressas invenies homines et symbola e mythologia classica vel e religione Christiana deprompta, insignia gentilicia, herbas, bestias, viros illustres. Collectio artis sculpendi operibus, quae a media aetate usque ad saeculum duodevicesimum in Germania, Gallia, Hollandia, Italia, Hispania facta sunt, insignis est. Praeclara sunt exempla mediae aetatis, in his Madonna Martini Presbyteri et Christus dolorosus Ioannis Pisani, praeterea Sancti Equites tempore belli tricennalis facti.

Museum artis Byzantinae, quae est tertia pars Musei Bodiani, magnam collectionem artificiorum et supellectilis infimae antiquitatis et Imperii Byzantini exhibet. Curatores musei studium omne conferunt ad sarcophagos Romanos, sculpturas Byzantinas, artificia ex ebore facta supellectilemque Aegyptiacam colligendam et conservandam.

Museum Pergamenum

Inscriptio cursualis: Am Kupfergraben 5, 10117 Berlin
Museum Pergamenum cotidie patet horis X-XVIII
(diebus Iovis usque ad horam XXII).
Pagina domestica: www.smb.museum/smb

Museum Pergamenum recentissimum aedificium Insulae Museorum est. Viginti annis perficiebatur. Necesse erat tempus ad aedificandum sumi (ut taceamus de bello orbis terrarum primo), quod humus e sabulo atque aqua composita instabilis et ad aedificandum minus apta est. Quod de tota insula museorum et de regione media urbis Berolini dici potest. Museum, quod nomen ex ara Pergamena accepit, ea mente erectum est, ut ara illa immensae magnitudinis exponi posset. His temporibus aedificium musea tria continet; nempe collectionem artificiorum antiquitatis classicae, Museum Asiaticum Museumque Artis Islamicae.

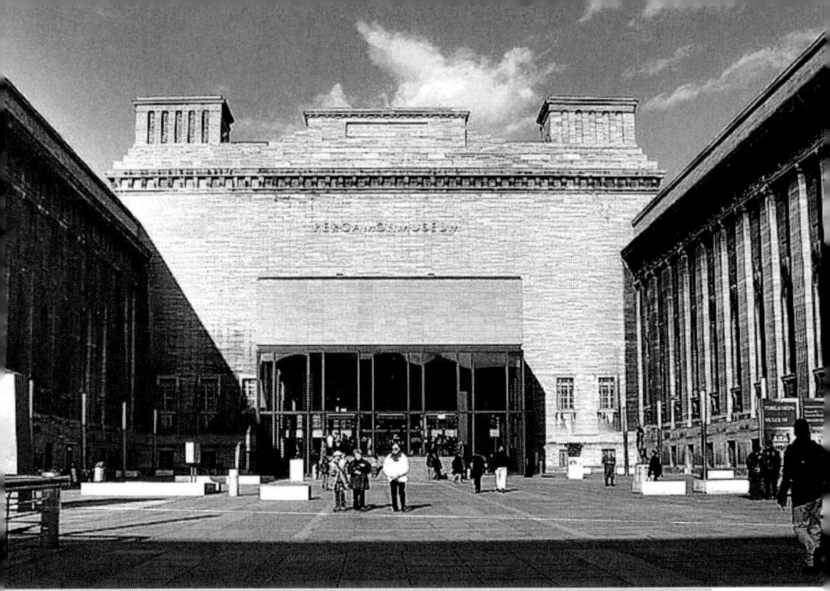

Museum Pergamenum

Museum Pergamenum propter aedificationes veterum splendidissimas restitutas nemini ignotum est. Tabulas illas lapideas arae Pergamenae imaginibus ornatas satis mirari non possumus, quae deos Olympios pugnantes cum Gigantibus monstrant. Accedit collectio Asiatica, quae in oecis quattuordecim exhibetur. E tabulis fictilibus homines ab anno ante Christum natum ter millesimo circiter litteris usos esse disces. Dubium non est, quin aedificationes Babylonicae restitutae splendidissimae sint. Quicumque viam triumphalem et portam illam contemplatur, quae nomen ab Ischtar dea invenit et a Nabuchodonosor II. circa annum ante Christum natum sescentesimum perfecta est, se regem esse Babyloniorum ipse putaverit.

Museum Novum

Inscriptio cursualis: Bodestraße 1, 10178 Berlin
Museum Novum cotidie patet horis X-XVIII (diebus Iovis, Veneris, Saturni usque ad horam XX).
Pagina domestica: www.neues-museum.de

Museum Novum a Friderico Augusto Stueler architecto constructum inter omnia aedificia saeculo undevicesimo museis destinata excellere constat. Anno MMIX a.d. XVI. Kalendas Novembres denuo inauguratum est. Verba, quae Fridericus Guilelmus IV. rex Prussiae fronti in occidentem spectanti insculpi iussit, haec sunt: ARTEM NON ODIT NISI IGNARVS. Museum papyris Berolinensibus et collectioni rerum antiquitatis Aegyptiacae locum praebet. In tertia musei parte primordia humani generis illustrantur. Ibi, ut exemplum afferamus, cranium hominis cuiusdam Neanderthalensis videre potes, quod saeculo vicesimo ineunte apud vicum Gallicum Le Moustier repertum est.

Pinacotheca Publica Vetus

Inscriptio cursualis: Bodestr. 1-3, 10178 Berlin
Pinacotheca Publica Vetus cotidie patet (diebus Lunae exceptis) horis X-XVIII (diebus Iovis usque ad horam XXII).
Pagina domestica: www.alte-nationalgalerie.de

Aedes, quae collectionibus Pinacothecae Publicae Veteris locum praebent, secundum descriptiones Friderici Augusti Stueler exstructae sunt. Qui elementa variorum generum aedificiorum in unum conflavit, ut modo templum, modo castellum, modo ecclesiam cernere tibi videaris. Pinacotheca Publica Vetus tabulas pictas statuasque continet, quae saeculo undevicesimo creabantur. Una ex quinque partibus Pinacothecae Publicae est. Ceterae sunt Pinacotheca Publica Nova, in qua artificia vicesimi saeculi exhibentur, Museum Berggruen, quod exempla artis classicae modernae continet, Museum Artis Contemporaneae in Statione Hamburgensi situm, Ecclesia Fridericiwerderiana, in qua statuae saeculi undevicesimi visuntur.

Inter lumina Pinacothecae Publicae Veteris opera summa arte perfecta sunt: Tabulae pictae Caspari Davidis Friedrich, quas variis aetatibus perficiebat, in duobus atriis in tabulato secundo sitis invenies; inter haec tabula, quae „Monachus mare contemplans“ vel simpliciter „Monachus ad mare“ inscribitur, admiratione digna est, pictura subobscura, quae parvulam figuram monachi ante caelum nubibus obductum et mare tenebricosum stantis monstrat. Propter colorem et parvam staturam homo a mari vix discerni potest, ut paene pars esse naturae videatur.

Praeterea delectus aedificiorum pictorum et prospectuum rusticorum Caroli Friderici Schinkel et operum Caroli Blechen spectatoribus exhibetur. Artes quomodo aetate, quae dicitur „Biedermeier“, cultae sint, e tabulis Berolinensibus Eduardi Gaertner cognoscere potes, impressionismum Gallicum ex operibus Eduardi Manet, Claudii Monet, Augusti Renoir, Edgardi Degas disces. In tabulato primo artificia, quae in nostram aetatem incidunt, sita sunt, in quibus „Cubiculum cum

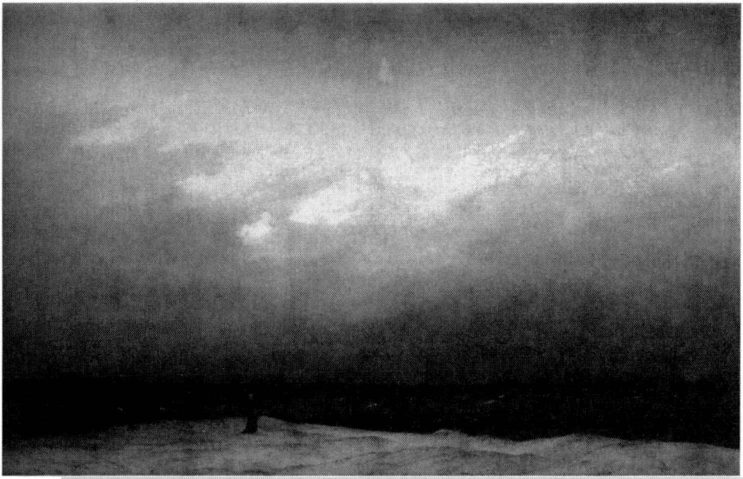

„Monachus ad mare" Caspari Davidis Friedrich pictura celeberrima

maeniano" et „Scutularium ferri" Adolphi Menzel et permulta opera Maximiliani Liebermann numerantur. Praeter tabulas Pinacotheca Publica Vetus etiam exempla artis sculpendi saeculorum duodevicesimi et undevicesimi exhibet velut „Sorores regias duas" Ioannis Godefredi Schadow sculptoris.

Peristylium

Pinacothecae Publicae Veteri peristylium obiectum est, cuius porticus praeter Pinacothecam etiam Museum Novum et Museum Pergamenum attingunt. His tribus annis porticibus columnisque restitutis peristylium novis plantis, fonte artificioso sculpturisque e museis illuc translatis ornatum est.

Museum Vetus

Inscriptio cursualis: Am Lustgarten, 10178 Berlin
Museum Vetus cotidie patet horis X-XVIII
(diebus Iovis usque ad horam XXII).
Pagina domestica : www.smb.museum/smb

Carolus Fridericus Schinkel Museum Vetus aedificandum curavit, ne artificia, quae reges Prussiae collegerant, oculis civium laterent, qui artibus potius erudirentur. Vestibulum vel porticus duodeviginti columnis ordinis Ionici imposita est. Verba fronti insculpta haec sunt: FRIDERICVS GVILELMVS III STVDIO ANTIQVITATIS OMNIGENAE ET ARTIVM LIBERALIVM MVSEVM CONSTITVIT MDCCCXXVIII. Cum Museum Vetus institutum sit, ut omnibus thesauris artis Berolinensibus sedem praeberet, nostra aetate solum collectionem artificiorum antiquitatis clarissimam ibi invenies, cuius altera pars in Museo Pergameno exhibetur. Vasa, inscriptiones, opera tessellata, sculpturae vel e lapide vel ex aere factae, cultus mulierum, ornamenta aurea et argentea oculis spectatorum blandiuntur. Artificia singula explicationibus illustrantur, per quas res ad mythologiam Graecam, ad vitam veterum cotidianam, ad negotia archaeologorum Berolinensium pertinentia cognosces. Exhibitio initium sumit ab heroicis temporibus, ubi statuas cassidesque militum et imagines leonum grypumque vides. Accedunt res sacrae temporis archaici et monumenta sepulcrorum, quae saeculo ante Christum natum sexto facta sunt. Praeterea mundus deorum, heroumque antiquitatis classicae vasibus et optimis operibus artis sculpendi illustratur, in quibus Puer ille Precans clarissimus numeratur.

Quis sit ille puer et quid facientem artifex eum repraesentaverit, viri docti usque ad hunc diem exquirere non potuerunt. Lacerti enim, quos cernis, recentioribus temporibus additi sunt. Statua cum saeculo sexto decimo ineunte Rhodi reperta esset, et propter paucitatem statuarum aenearum et propter speciem pueri multos homines, qui artificiis colligendis studerent, summo desiderio affecit. Nonnulli eam emisse dicuntur, ut voluptatibus indulgerent. E Gallia tandem in aulam Friderici Magni, inde ad Museum Vetus pervenit, ubi nunc vicinia Hastati Amazonisque Polycliti delectatur et vasibus Andocidis Euphroniique circumdatur.

Accedunt partes Musei, in quibus ars theatralis Graecorum Romanorumque illustratur. Collectio nummorum, quae antea in Museo Pergameno collocata erat, separatim ostenditur.

Ecclesia Cathedralis Protestantica

Inscriptio cursualis: Am Lustgarten, 10178 Berlin
Ecclesia cotidie patet horis IX-XX (diebus Saturni et Dominicis horis XII-XX). Inter Kalendas Octobres et Apriles ianua hora XIX clauditur.
Pagina domestica: www.berliner-dom.de

Maxima ecclesia protestantica Germaniae fronte et scalis e granite factis speciosa ad propatulum Insulae Museorum adiacet. Qui laborem tholi ascendendi non fugerit, ad totam insulam, Synagogen Novam, Forum Armatorum, Curiam Imperii, Curiam Municipalem

Rubram despicere poterit. Tholus opere tessellato exornatus in altitudinem septuaginta quinque metrorum est. In crypta nonaginta quattuor sepulcra eorum, qui gente Hohenzollern nati erant, condita sunt. Ibi iacent, ut paucos nominemus, Fridericus Guilelmus magnus elector, Fridericus I. et Fridericus Guilelmus II. reges. Aedes Cathedralis bello orbis terrarum secundo magnam partem destructa inter annos MDCCCCLXXIV et MMII summo studio reficiebatur. Paucis annis ante crux aurea, qua tholus templi coronatur, renovanda erat. Crux antiqua, quae pondere est duodecim milium chiliogrammatum, ferrugine corrosa brevi tempore collabi videbatur. Crux nova uno chiliogrammate et dimidio auri tegitur et septies centenis milibus Euronum fuit. Ecclesia Cathedralis Protestantica non solum ad rem divinam faciendam patet, sed etiam concentibus musicis locum praebet. Vetus organum, ut exemplum afferamus, quod a Guilelmo Sauer constructum est, ibi sonans audiri potest.

2 – Castellum urbis Berolini et Forum Humboldtianum cum Arca Humboldtiana

Inscriptio cursualis: Schlossplatz 5, 10178 Berlin
Arca Humboldtiana cotidie patet horis X-XVIII (diebus Iovis usque ad horam XXII).
Pagina domestica: www.humboldt-forum.de

Loco, quo his diebus nihil vides nisi agrum vastum et desertum, usque a saeculo quinto decimo arx sita erat Berolinensis, quod hieme domicilium erat marchionum

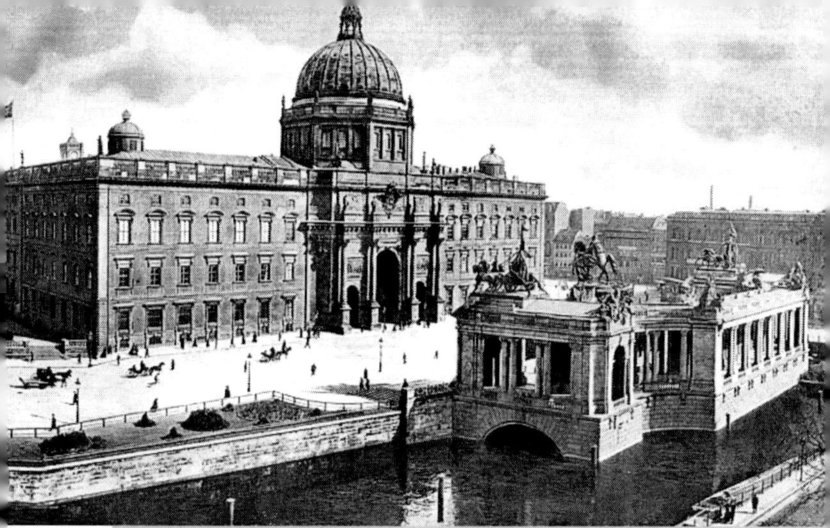

Prospectus Castelli Berolinensis anno MCM circiter photographice depictus

Brandenburgensium. Sub auspiciis Friderici I. regis ab Andrea Schlueter architecto castellum splendidum factum est. Quod postquam bello orbis terrarum secundo graviter afflictum est, anno MDCCCCL iussu Gualteri Ulbricht totum dirutum est. Paucis annis post Palatium Rei Publicae erectum est. Quo aedificio rescisso Forum Humboldtianum aedificabitur, cuius frons castello veteri simillima erit. Placitum est, ut novum nomen umbrae illi castelli imponeretur, ne quis ignoraret genios Humboldt fratrum hoc loco coli, non reges Prussiae. Omnium enim gentium artibus et disciplinis dedicabitur. Sed propter angustias aerarii lapis primus non ante annum MMXIV deponetur. Quoad aedificium novum perficitur, Arcam Humboldtianam visere potes, ubi consilia architectorum explicantur.

3 – Pons Castellanus

Pons ille in pulcherrimis Berolini pontibus numeratur. Iam antequam anno MDCCCXXIV confectus est, Sprea hoc loco ponte ligneo transiri potuit, qui a canibus nomen acceperat, qui marchiones ad venationem profectos comitabantur. Napoleone devicto Fridericus Guilelmus III. rex pontem nobiliorem fieri iussit, ut Via Sub Tiliis via triumphalis fieret. Igitur Carolus Fridericus Schinkel architectus pontem novum una cum Custodia Nova designavit. Pluteus ferreus figuris maritimis, delphinis, Tritonibus, hippocampis ornatus est. Statuae octo, quarum formas Schinkel iam adumbraverat, triginta circiter annis post a compluribus sculptoribus factae sunt. In latere ad meridiem spectante videmus Victoriam puerum facta et dicta heroum, Minervam iuvenem armorum usum docentes, Minervam militem armis instruentem, Victoriam victori coronam imponentem. Ex adverso positae sunt statuae hae: Victoria militem saucium reficit, Minerva militem iterum in pugnam ducit, iuvenis heros a Minerva protegitur, Victoria victorem proelio interfectum ad sidera tollit. Quae omnes fere exempla antiqua imitantur.

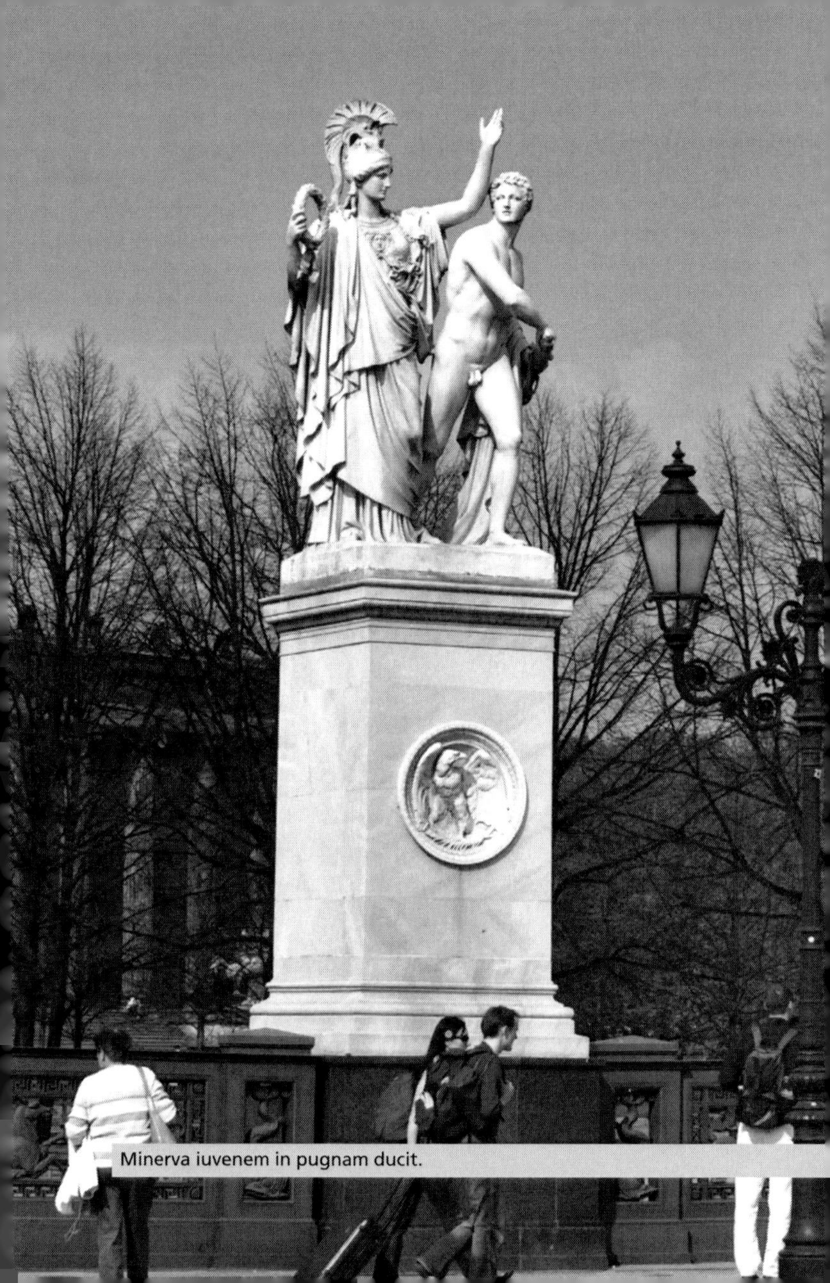

Minerva iuvenem in pugnam ducit.

4 – Armamentarium / Museum Germanicum Historicum

Inscriptio cursualis: Unter den Linden 2, 10117 Berlin
Museum Germanicum Historicum cotidie patet horis X-XVIII.
Pagina domestica: www.dhm.de

In Via Sub Tiliis aedificium armamentario vetustius non invenies. Cum iam Fridericus Guilelmus elector cognomine Magnus meditatus esset imperare, ut armamentarium magnum ac splendidum Berolini aedificaretur, Fridericus III. filius eius Ioanni Arnoldo Nering mandavit, ut opus aggrederetur. Qui cum anno MDCXCV mortuus esset et res Martino Gruenberg, Andrea Schlueter successoribus haud bene processisset, Ioannes de Bodt architectus Parisinus, qui ut Hugenota in exilium ire coactus erat, operi ad exitum perducendo praefectus est. Anno MDCCVI Fridericus rex Prussiae factus impatiens morarum imaginem suam aeneam et titulum Latinum supra ianuam affigi iussit, quo armamentarium perfectum esse declararetur. Re quidem vera anno MDCCXXIX Friderico Guilelmo I. rege confectum est. Frontes et tectum aedificii compluribus statuis et ornamentis insignes sunt. Cum e Via Sub Tiliis frontem armamentarii aspicies, praeter cassides et arma ad dextram Martem fastigio impositum, ad sinistram Bellonam cernes. Sin capita militum morientium videre velis, quae Andreas Schlueter saeculo septimo decimo exeunte perfecit, in atrium procedere necesse est.

Cum in bello, quod Prussi cum Napoleone gesserunt, et aedificium et arma ibi collocata magnum damnum

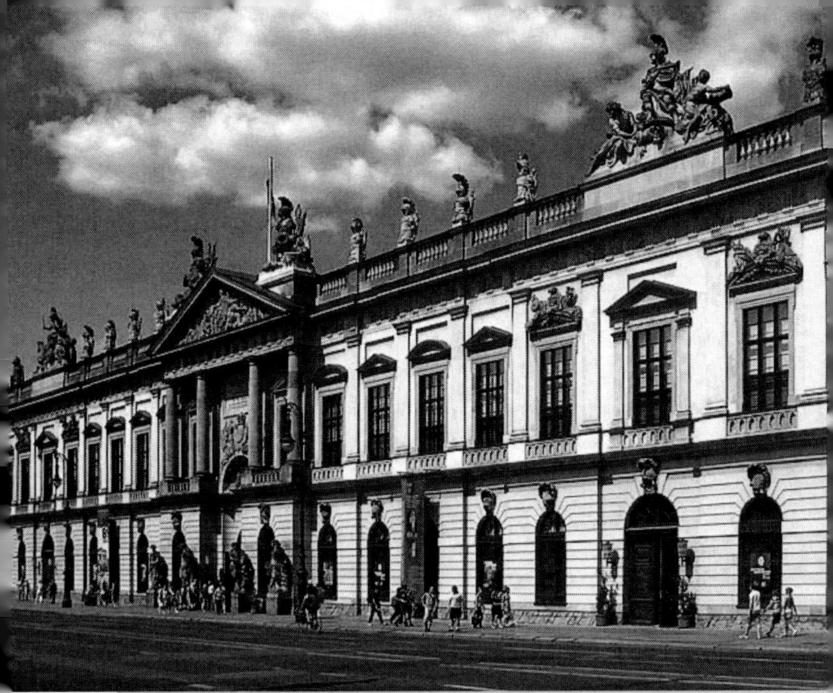

Armamentarium Berolinense

accepissent, armamentarium a Carolo Friderico Schinkel refectum est. Postea museum armorum factum est. Ab anno MDCCCCLII sedes Musei Historici Rei Publicae Democraticae Germaniae erat. Integritate Germaniae restituta Museum Historicum Germanicum in armamentarium immigravit. Ibi praeter expositionem perpetuam variae expositiones ad historiam Germaniae spectantes exhibentur. Architecturae contemporaneae amantibus etiam oecum expositorium novum ab I. M. Pei exstructum commendemus.

5 – Custodia Nova

Custodia Nova a Carolo Friderico Schinkel anno MDCCCXVIII aedificata est, ut praetoriani regii ibi collocarentur. Turribus quattuor in angulis positis architectus castra Romana imititari voluit, quibus porticus sex columnarum Graecam, ut ita dicamus, elegantiam addit. Post imperatorem exactum monumentum factum est, quo memoria eorum, qui bello orbis terrarum primo interfecti essent, coleretur. Postquam Custodia in bello orbis terrarum secundo deleta anno MDCCCCLX restituta est, memoriae eorum, qui dominatu nationalium socialistarum vitam amiserant, dedicata est. Anno MDCCCCXCIII Helimuto Kohl auctore monumentum memoriale Rei Publicae Foederalis Germaniae factum est. In atrio statua Catharinae Kollwitz sculptricis posita est, quae „Mater cum Filio Mortuo“ vel „Pietas“ appellatur. Inscriptione ante statuam sita declaratur hoc monumentum hominum bellis tyrannisque oppressorum sacrum esse.

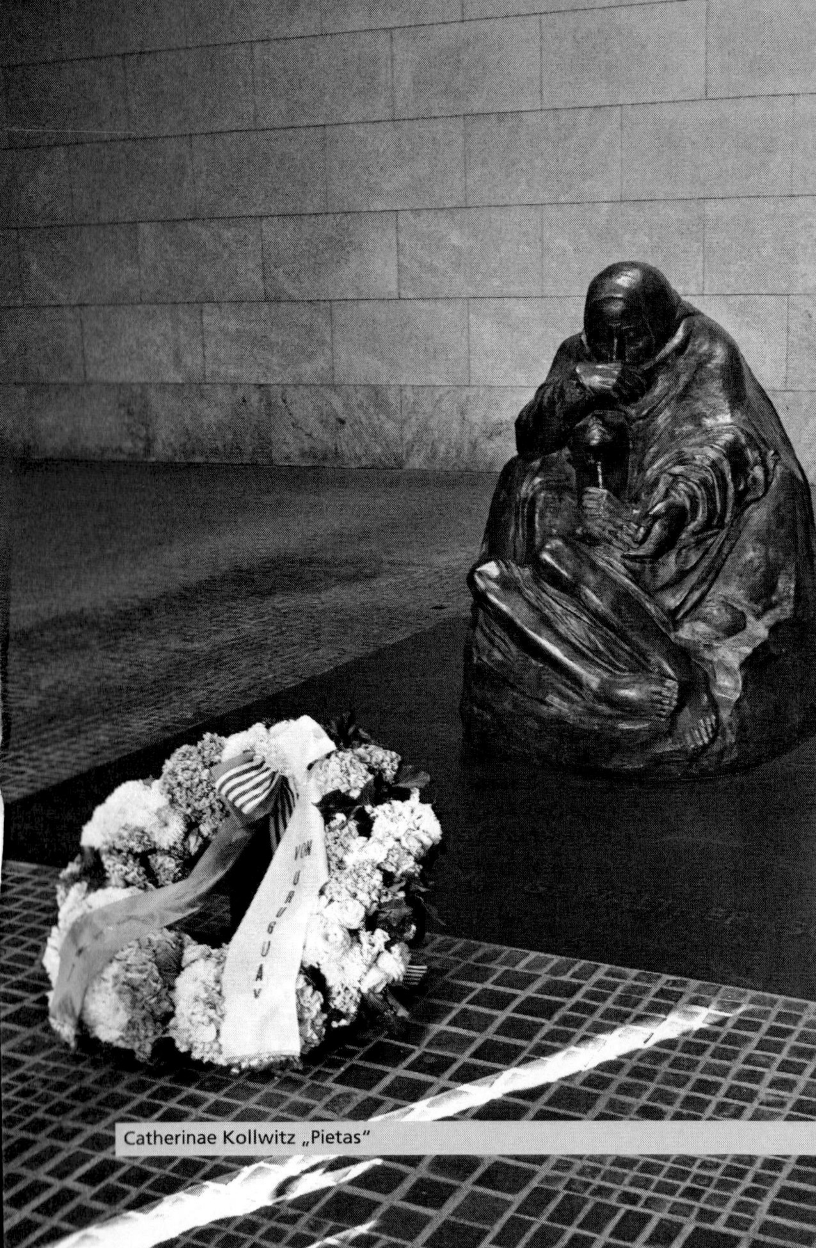

Catherinae Kollwitz „Pietas"

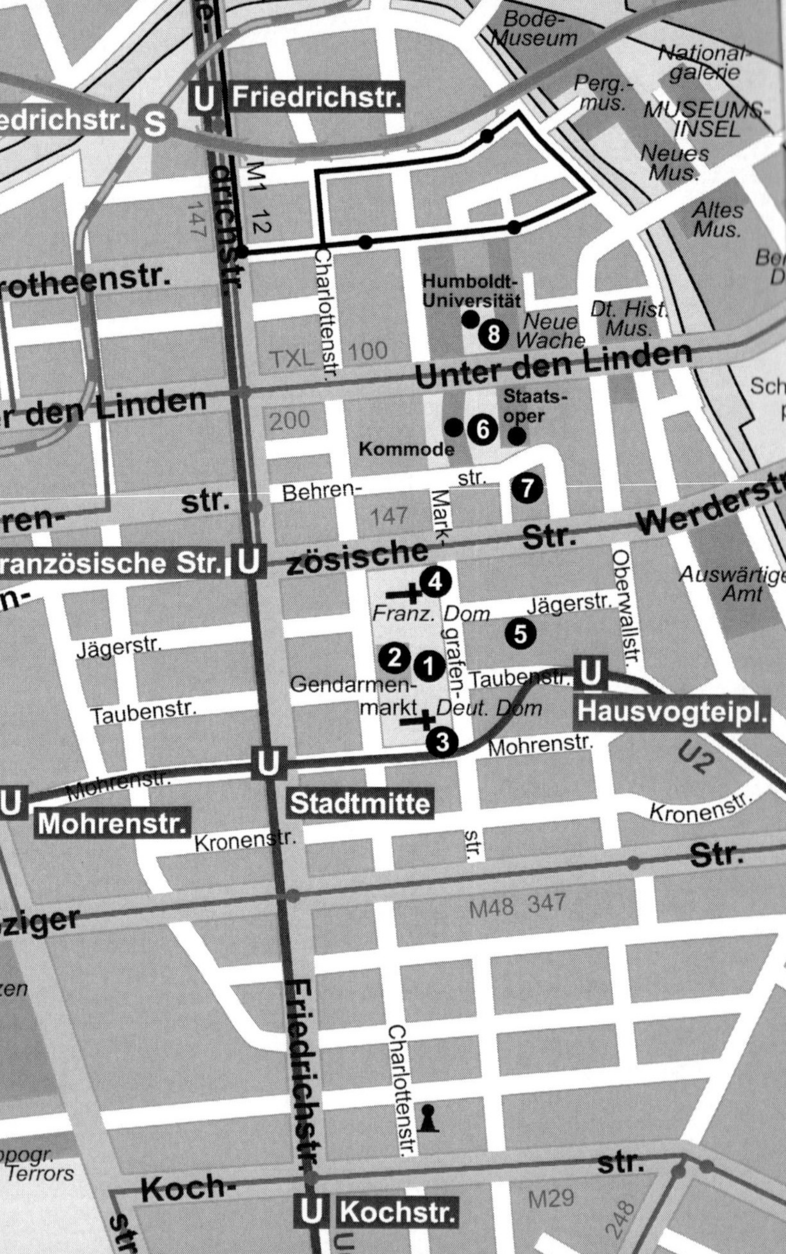
Bode-Museum
Nationalgalerie
Perg.-mus.
MUSEUMS-INSEL
Neues Mus.
Altes Mus.
U Friedrichstr.
Friedrichstr. S
Friedrichstr.
M1 12
147
Dorotheenstr.
Charlottenstr.
Humboldt-Universität
8
Neue Wache
Dt. Hist. Mus.
TXL 100
Unter den Linden
200
Staatsoper
6
Kommode
Behrenstr.
7
147
Markgrafenstr.
Französische Str. U
Französische Str.
Werderstr.
Oberwallstr.
Auswärtiges Amt
4
Franz. Dom
Jägerstr.
5
2
1
Gendarmenmarkt
Taubenstr.
Deut. Dom
3
U Hausvogteipl.
Mohrenstr.
U2
U Stadtmitte
U Mohrenstr.
Kronenstr.
Leipziger Str.
M48 347
Charlottenstr.
Friedrichstr.
Topogr. d. Terrors
Kochstr.
U Kochstr.
M29
248

pertinebant, in eo campo venibant, ut brevi tempore campus, ut exempla afferamus, vocaretur „Forum Novum“ vel „Forum Medium“. Sed inde a saeculo undevicesimo nomen „Fori Armatorum“ ab omnibus probatum est. Illis temporibus Forum Armatorum totum commutabatur: Aedificia, quae fines fori terminabant, nova vel commutata exstructa sunt, viae strato munitae sunt, tholi ecclesiarum exciti sunt. Postquam saeculo undevicesimo exeunte et saeculo vicesimo ineunte ea aedificia, quae fines Fori Armatorum terminabant, iterum commutata sunt ecclesiaeque partim restitutae partim novae adificatae sunt, bello orbis terrarum secundo omnia aedificia in Foro Armatorum sita vehementer affligebantur. Illis temporibus in pratis fori homines olera varia serebant. Bello confecto Forum Armatorum paulatim restitutum est: Nomine in Forum Academiae anno MDCCCCL commutato Domus Spectaculorum, quae inde ab anno MDCCCCLXVII reficiebatur, anno MDCCCCLXXXIV rursus aperta est. Eodem anno monumentum Friderici Schiller poetae in antiquum statum restitutum in illo loco, quo nunc videri potest, rursus collocatum est. Ab anno MDCCCCXCIV usque ad annum MDCCCCXCVI in fori parte circum ecclesiam Germanorum, quae herbae quoque modo ab Arminio Maechtig principe topiariorum anno MDCCCXCIV satae essent, architecti hortorum imitari conati sunt. Nostra memoria homines non solum, ut aedificia praeclara visant, in eum locum, cui rursus nomen illud vetus est „Foro Armatorum“, convenire solent, sed etiam

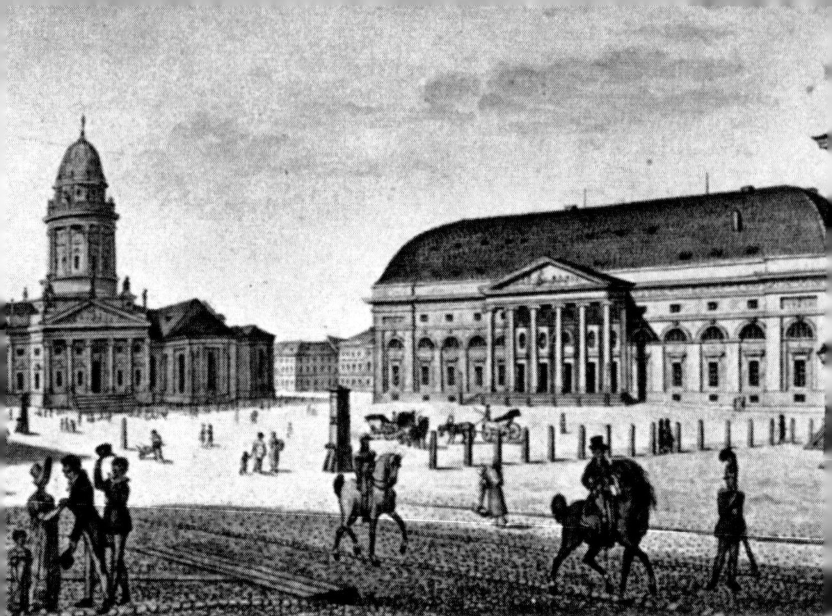

Forum Armatorum anno MDCCCXV circiter Fridericus Augustus Calau pinxit. A dextra Domus spectaculorum cerni potest, quae ab urbanis „cista" vocabatur.

propter concentus musicos, qui aestate sub divo fiunt, et propter spectaculum, quod hieme diei natalis Christi agendi causa datur.

1 – Monumentum Friderici Schiller poetae

Medio in Foro Armatorum positum est monumentum Friderici Schiller poetae, quod a Reginaldo Begas sculptore perfectum erat. Begas anno MDCCCXXXI natus princeps artificum habetur, qui aetate baroci novi Berolinensis artem fingendi factitabant.

Huius monumenti lapis primus depositus est anno MDCCCLIX a.d. IV. Idus Novembres, cum poetae dies natalis centesimus ageretur. Anno MDCCCLXI magistratus Berolinensis certamen artificum de opere perficiendo posuerat. Quo in certamine Begas anno MDCCCLXIV palmam accepit, qui ab anno MDCCCLXIV usque ad annum MDCCCLXIX opus perfecit.

Statua poetae laureati in cubo posita est, qui in fonte quodam collocatus est. In cubi angulis statuae positae sunt, quae illustrant ea litterarum genera, quae poeta universa complexus est: Lyram in manu tenet Poesis, quam contra sedet Tragoedia, cui quondam pugio additus erat; Historia tabulis inscribit nomina virorum clarissimorum, ut Ioannis Godefridi Herder, Immanuelis Kant, Ioannis Volfgangi Goethe; Philosophia capite obvoluto volumen in manu tenet, cui Graecis litteris inscriptum videmus, quod Delphis templo Apollinis affixum Latine redditur his verbis: „Nosce te ipsum".

Cum Forum Armatorum commutaretur, monumentum anno MDCCCCXXXVI de foro sublatum est periculi vitandi specie, quod statuae decidere possent. Quattuor statuae, quarum supra mentionem fecimus, in cellam quandam inclusae sunt, sed statua poetae ipsius usque ad annum MDCCCCLXXXIV in hortis, qui ad lacum Lietzensee adiacent, posita erat. Nostra memoria exemplum huius statuae in hortis positum est, qui nomen a poeta traxerunt, qui in ea urbis parte, quae „Wedding" appellatur, siti sunt.

2 – Domus Concentus Musici

Inscriptio cursualis: Gendarmenmarkt, 10117 Berlin
Domus patet a diebus Lunae usque ad dies Saturni horis XII-XIX, diebus Dominicis et festis diebus horis XII-XVI.
Pagina domestica: www.konzerthaus.de

Saeculo duodevicesimo Forum Armatorum totum commutabatur. Equitibus loricatis in alio loco collocatis multa aedificia exstruebantur, inter quae prima Domus Spectaculorum, quae anno MDCCLXXVI a.d. X. Kalendas Maias aperta est. Haec prima domus, quae „Domus Comoediarum Gallicarum" appellabatur, iussu Friderici II. regis a Ioanne Bouman maiore natu architecto Prussico aedificata est. Postquam comoediae Gallicae Friderico mortuo nullius momenti esse coeperunt, Carolus Theophilus Doebbelin anno MDCCLXXXVI sedem theatri Germanici in illam domum mutavit, quae ex eo tempore appellabatur „Theatrum Nationis Germanicae". Anno MDCCXCVI Augustus Guilelmus Iffland artifex scaenicus theatro praefectus est, cui contigit, ut theatrum floreret. Primam illam domum propter multitudinem hominum, qui spectatum veniebant, commutari brevi tempore necesse erat. Sed ea nova domus, cuius formam figuramque Carolus Godehardus Langhans anno MDCCXCVIII excogitaverat et quae „Domus Spectaculorum" appellabatur, deflagravit anno MDCCCXVII.

Eodem anno novum theatrum aedificari Fridericus Guilelmus III. rex iussit. Quattuor annis post domus a Carolo Friderico Schinkel architecto exstructa, cuius

Epistula E. T. Amadei Hoffmann de theatro ardente

Ernestus Theodorus Amadeus Hoffmann scriptor, qui prope a Foro Armatorum habitabat, amico cuidam, quantum spectaculum praebuisset theatrum ardens, descripsit his verbis:

„Ich könnte Ihnen erzählen ... , daß der Credit des Staats wankte, da, als die Perückenkammer in Flammen stand und fünftausend Perücken aufflogen, Unzelmanns Perücke aus dem Dorfbarbier mit einem langen Zopf, wie ein bedrohliches feuriges Meteor über dem Bankgebäude schwebte ... Der Staat [wurde gerettet] durch einen kouragösen Gardejäger auf der Taubenstraße, der als mehrere Spritzen vergeblich nach der ad altiora steigenden Perücke gerichtet wurden, besagtes Ungethüm durch einen wohlgezielten Büchsenschuß herabschoß. Zum Tode getroffen, zischend und brausend sank es nieder in den Pißwinkel des Schonertschen Weinhauses – Hierauf stiegen sofort die Staatspapiere! – Ist das nicht Stoff zum Epos?" (E.T.A. Hoffmanns Briefwechsel. Gesammelt und erläutert von Hans von Müller und Friedrich Schnapp. Herausgegeben von Friedrich Schnapp. 2. Band, Berlin 1814-1822, München 1968, p. 147)

Quod Latine redditum:

„Tibi narrare possum pecuniam rei publicae in summo discrimine fuisse, cum cella, in qua suggestus comae depositi essent, arderet et quinque milia suggestuum in altum evolarent. Nam suggestus comae actricis scaenicae nomine Unzelmann, quo induta fuerat, cum „Tonsor Vici" ageretur, et cui affixus erat granus longus, imminens volabat supra aerarium sicuti meteorum igniferum. Sed res publica servata est a vigile quodam forti animo in Via Columbarum, qui, cum plura arma in suggestum comae ad altiora ascendentem frustra instruerentur, monstrum illud certissimo telo aquoso deiecit. Suggestus autem gravi vulnere affectus sibilans ac sonans descendit in mingentium angulum, qui ad Oenopolium Schonert adiacet – Sortium rei publicae pretium e vestigio augetur! – Nonne hoc est dignissimum, quod poemate epico celebretur?"

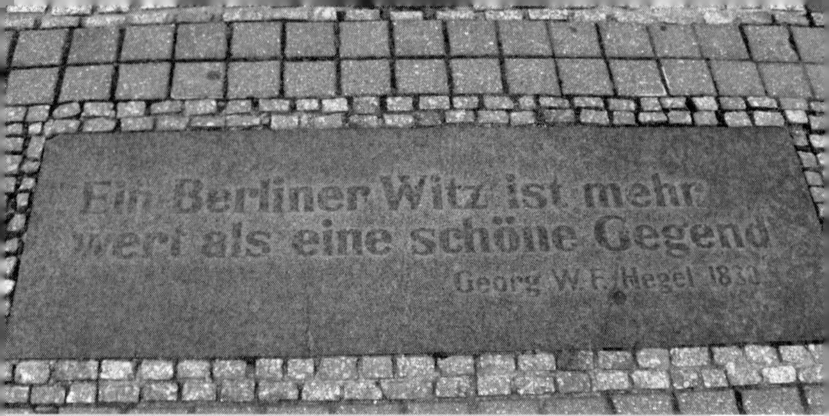

Tabula prope Domum Concentus Musici in solo infossa, cui inscripta est vox Georgii Guilelmi Friderici Hegel philosophi: „Facete dictum a Berolinensi quodam emissum praestat loco amoeno."

statuam in porticu Domus Concentus Musici positam videre potes, viator, aperta est rege praesente.

Anno MDCCCXLVIII in hac domo, qui in re publica versabantur, ad exiguum tempus concilium habuerunt, ut regno Prussico leges, iudicia, iura describerent. Aetate socialismi nationalis Gustavus Gruendgens theatro praefectus erat, quod solum omnium Iosepho Goebbels subiectum non erat. Ultima fabula, quae fuit „Praedones" Friderici Schiller poetae, hoc in theatro data est anno MDCCCCXLIV a.d. IV. Kalendas Augustas. Ultimus concentus anno MDCCCCXLV a.d. X. Kalendas Maias factus est. Paulo post domus, sicuti ecclesiae Gallorum Germanorumque, pyrobolis tota fere deleta est. Triginta quattuor annis post bellum confectum theatrum restitui coeptum est, quod anno MDCCCCLXXXIV Kalendis Octobribus symphonia canente rursus apertum est. Partibus Germaniae inter se conciliatis coniunctisque theatrum claudere magistratus Berolinenses in animo habebant, quia in Aula Philharmonica illa clarissima prope Hortum Bestiarum sita concentus fieri solebant. Quam ob rem praefectum musicorum anno MDCCCCXCI dimiserunt. Sed triennio post senatui Berolinensi placuit, ut theatrum societati musicorum, quae quondam „Berliner Symphonie-Orchester“ nostra aetate „Konzerthausorchester Berlin“ appellatur, attribueretur. Non solum nomen societatis musicorum commutatum est, sed etiam nomen theatri, quod inde ab anno MMI appellatur „Domus Concentus Musici in Foro Armatorum posita“. Domus illa continet quattuor aulas ad concentus faciendos idoneas, Aulam Magnam, Aulam Parvam, Aulam Werneri Otto, Cubiculum Musicum. Quibus in aulis in singulos annos ad quingenta quinquaginta spectacula praebentur. In Aula Magna organum collocatum est, quod in officina illa praeclara Dresdensi nomine Jehmlich perfectum erat. Hoc organum inter optima Germaniae refertur. Si cognoscere cupias, care viator, quid viri clarissimi de urbe Berolino senserint, tabulas legas, quae prope Domum Concentus Musici in solo infossae sunt.

3 – Ecclesia Germanorum

Inscriptio cursualis: Gendarmenmarkt 1, 10117 Berlin
Exhibitio patet a diebus Mercurii usque ad dies Dominicas horis X-XVIII (ab mense Maio usque ad mensem Septembrem horis X-XIX).

In ea parte Fori Armatorum, quae ad meridiem spectat, posita est Ecclesia Germanorum. Vetus ecclesia ab anno MDCCI usque ad annum MDCCVIII a

Martino Gruenberg architecto aedificata erat. Quae ecclesia illis temporibus appellabatur „Ecclesia Nova“ vel „Ecclesia Germanica“, quod sacerdotes in re divina facienda Theodisce loquebantur. Forma descriptioque aedificandi veteris ecclesiae a ceteris differebat, cuius exteriores partes erant pentagonae, interiores rotundae. Eius fastigium in altitudinem acutum reddebatur. Turris nondum perfecta paulo post diruta est. Anno MDCCLXXX initium factum est turres excitandi, quarum formam figuramque excogitaverat Carolus de Gontard architectus, qui in animo habuerat supra utramque ecclesiam, id est et Ecclesiam Germanorum et Ecclesiam Gallorum turres consimiles excitare. Quibus turribus, quae campanariae non sunt, exemplo fuerunt ecclesiae Romae in Foro Populi aedificatae. Postquam turris supra Ecclesiam Germanorum excita decidit atque rursus instituta est, opus quinque annis post a Georgio Christiano Unger architecto perfectum est. In altera turri simulacrum Virtutis Victricis positum est, in altera Religionis. Ex eo tempore utraque ecclesia sermone cotidiano appellatur „Templum cathedrale“, quod Theodisce redditur verbo „Dom“. Ecclesiis autem episcopus non praeest, sed nomen ductum est a verbo „dôme“, quod lingua Gallorum est „tholus“. Anno MDCCCXLVIII in Foro Armatorum ab eis, qui rem publicam constituere volebant, acriter pugnatum est. Tumultu sedato corpora eorum, qui pugnantes interfecti erant, a.d. XI. Kalendas Apriles in scalis Ecclesiae Germanorum deposita sunt. Eorum mortem viginti milia hominum urbanorum illis temporibus maerebant; Fridericus autem Guilelmus IV. rex a multitudine coactus capite aperto iusta fecit. Huius rei memoriam retinet tabula quaedam Ecclesiae affixa.

Saeculo undevicesimo exeunte tecta ecclesiarum in rotundam formam, quae tholo congrueret, commutata sunt. Sed bello mundano secundo utraque ecclesia vehementer affligebatur. Multis annis post bellum confectum principes Rei Publicae Germanicae Democraticae statuerunt Ecclesia Germanorum restituta locum exhibitionis institui, qui „Aula Artis“ vocaretur, sed postquam murus Berolinensis dirutus est, consilium abiectum est. Inde ab anno MDCCCCXCIII usque ad annum MDCCCCXCVI Ecclesia Germanorum tandem tota commutata est in locum exhibitionis. Nostra aetate exhibitione, quae „Viae-Errores-Circuitus“ inscribitur, ostenditur, quibus modis civitas Germanorum usque ad nostram memoriam commutata sit.

4 – Ecclesia Gallorum

Inscriptio cursualis: Gendarmenmarkt 5, 10117 Berlin
Ecclesia patet a diebus Mercurii ad dies Dominicas horis XI-XVII.
Museum Hugenotorum patet a diebus Mercurii ad dies Saturni horis XII-XVII, diebus Dominicis horis XI-XVII.
Turris, de qua homines urbem despicere possunt, cotidie patet horis X-XIX.
Pagina domestica: www.franzoesischer-dom.de

Haec domus, quae vocatur Ecclesia Gallorum, neque erat neque est ecclesia. Quae domus anno MDCCLXXXIV una cum Ecclesia Germanorum aedificata erat eo consilio, ut illae duae domus consimiles Foro Armatorum ornamento essent. Sed octoginta fere annis ante a Ioanne Cayart et Abrahamo Quesnay architectis aedificata erat ecclesia parva, quae appellabatur „Ecclesia in Urbe Fridericiana sita“. Quae ecclesia parva usque ad nostram memoriam ad Ecclesiam Gallorum adiacet, cui per aedificium, quod inter has ecclesias positum est, coniuncta est. Haec ecclesia parva, quae his temporibus proprio nomine „Templum Gallorum Berolini“ appellatur, anno MDCLXXII instituta erat, cum permulti Galli, qui propter fidem suam opprimerentur, e Gallia in Germaniam profugissent. Quos Fridericus Guilelmus elector imperii Brandenburgensis edicto Potsdamensi anno MDCLXXXV in regnum suum recipiebat. Postea Fridericus II., qui etiam Fridericus Magnus vocatur, perfugis concessit, ut etiam Ecclesia Gallorum, postquam exstructa esset, in perpetuum uterentur. Anno MDCCCCV ecclesia parva commutata est ab Ottone March, qui eam ornamentis baroci novi ornavit. Bello orbis terrarum secundo non aliter atque Ecclesia Germanorum vehementer affligebatur. Multis annis post bellum confectum initium Ecclesiae reficiendae factum est atque anno MDCCCCLXXXIII rursus aperta est. Ex eo tempore in turri, quae quondam turris campanaria excita non erat, sexaginta campanae et magnae et parvae pendent atque homines urbis despiciendae causa turrim ascendere possunt. His temporibus in Ecclesia Gallorum museum Hugenotorum situm est, id est illorum hominum Gallorum, qui saeculo septimo decimo propter fidem suam in Germaniam profugiebant.

5 – Academia Scientiarum Berolinensis et Brandenburgensis

Inscriptio cursualis: Jägerstraße 22-23, 10117 Berlin
Pagina domestica: www.bbaw.de

Godefredus Guilelmus Leibniz polyhistor celeberrimus iure auctor Academiae Scientiarum nostrae dici potest. Nam anno MDCC impetravit a Friderico III. electore, qui paulo post rex Prussiae factus est, ut Academia una cum observatorio astronomico, quo fasti publici Marchiae et omnium regionum fidei protestanticae addictarum emendarentur, conderetur. Decem annis post statuta Academiae promulgata sunt. Cum Leibniz vita excessisset, Academia magna calamitate afflicta est. Nam Fridericus Guilelmus I. rex, qui patri successerat, non dissimulabat se omnes artes, quae ad rem militarem usui non essent, despicere ac pro nihilo putare. Quin etiam copream suum Academiae praesidem fecit. Sed Friderico II. rege Academia denuo florere coepit. Fridericus Academiam renovavit et permisit, ut eius collegium in castellum regium conveniret, donec aedes novae in latere septemtrionali Fori Fridericiani in Via Sub Tiliis aedificandae conficerentur. Quae anno MDCCCCIII Guilelmo II. imperatore rescissae sunt. Postea Academia sedem habuit in Via Sub Tiliis VIII, ubi his diebus Bibliothecam Rei Publicae invenies. Bello orbis terrarum secundo confecto domus ad Forum Armatorum sita Academiae tradita est, quae antea sedes Societatis Prussicae Commercio Maritimo Fovendo fuerat. Qui historiae rerum technicarum studiosus est, sciat tabulata singula etiam anabathro

De sigillo Societatis sive Academiae Scientiarum

Sigillum, quo paulum commutato collegium Academiae etiam his diebus utitur, ab ipso Leibniz designatum est. Videmus aquilam Brandenburgensem sidus eiusdem nominis petentem. Imagini hemistichion versui Ovidii poetae simile additum est. Qui in Metamorphoseon libro quinto decimo scripsit Augustum „aethereas sedes cognataque sidera tacturum" esse, id est gloriam immortalitatemque Divi Iuli Caesaris adepturum. Leibniz hoc emblemate exprimere voluit mentem hominis artes et scientias colentis astra petere et mundi rerumque causas cognoscere posse.

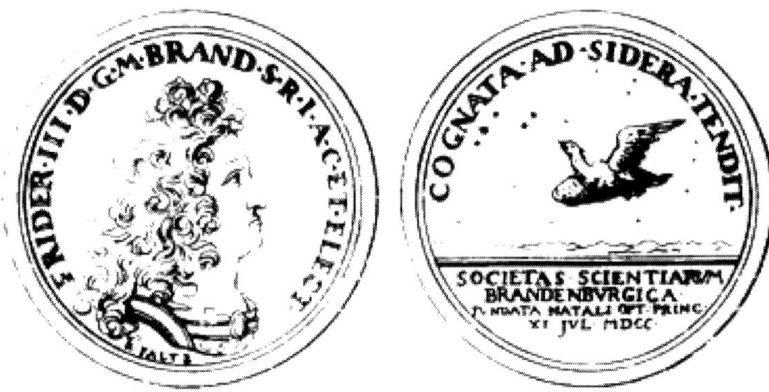

Sigillum Academiae Berolinensis et Brandenburgensis a Leibniz designatum vetere eius generis, quod Paternoster appellatur, ascendi posse.

Academia Berolinensis et Brandenbrugensis multis negotiis, quae pertinent ad antiquitatem classicam illustrandam insignis est, ut exempla afferamus, Corporibus Inscriptionum Latinarum et Graecarum, Prosopographia Imperii Romani, Operibus Galeni edendis, Operibus Scriptorum Graecorum Christianorum editis.

6 – Forum Bebelianum sive Fridericianum

Vehicula publica: [Bus] TXL, 100, 200

Forum Bebelianum a Foro Armatorum paulum abest. Fridericus II. ubi primum anno MDCCXL duodetriginta annos natus Prussiae regnum obtinuit, speciem mediae urbis funditus commutare in animo habuit. Rex iuvenis Forum a se cognominandum non solum gymnasio pilario et theatro musico, sed etiam nova regia ornare voluit. Speciem fori Georgio Venceslao a Knobelsdorff architecto adiuvante ipsissimus adumbravit.

Sed cum bellum Silesium primum impenderet et accolae nonnulli recusarent, ne domicilia sua regiae aedificandae causa diruerentur, rex consilio grandi desistere coactus est. Quinque tantum aedificia Friderico rege exstructa sunt: Theatrum Musicum, Ecclesia Cathedralis Sanctae Hedvigae, Bibliotheca Regia, Domicilium Henrici Principis, Sedes Academiae Scientiarum. Quae cum anno MDCCCCIII rescissa

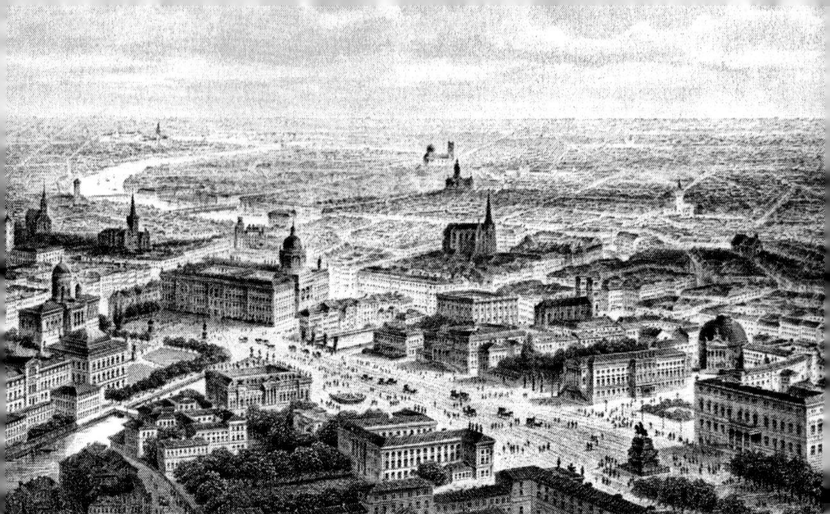

Prospectus Viae „Sub Tiliis" cum Foro Fridericiano

sit, quattuor monumenta, quae etiamnunc videre potes, infra perscrutemur. Foro autem iam Friderico vivo nomen erat „Platz am Opernhaus“. Anno MDCCCCX nomen accepit a Francisco Iosepho imperatore Austriae, anno MDCCCCXLVII ab Augusto Bebel Socialis Democraticae Factionis Germaniae conditore.

Theatrum Musicum Rei Publicae

Inscriptio cursualis: Unter den Linden 7, 10117 Berlin.
Pagina domestica: www.staatsoper-berlin.de

Aestate anno MDCCXLI Georgius a Knobelsdorff Theatrum Musicum aedificare coepit. Iam proximo anno in aedificio nondum confecto a.d. VII. Idus

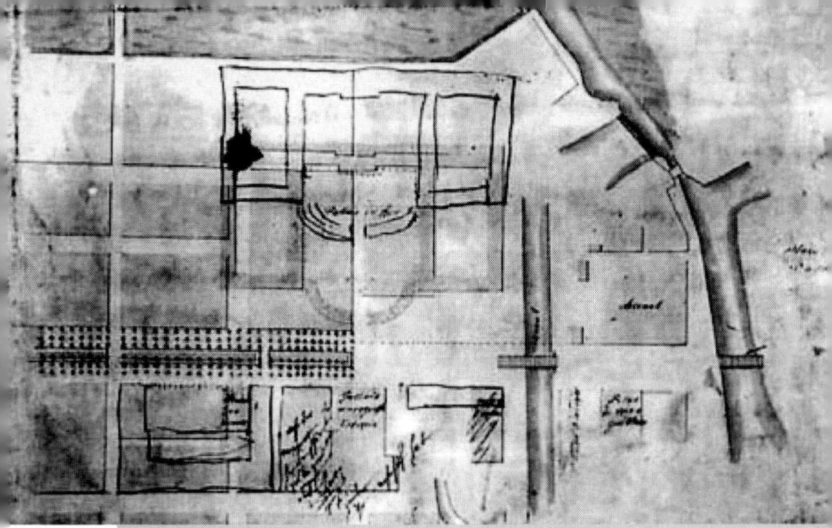

Fori Fridericiani prima delineatio cum annotationibus Friderici II. regis anno MDCCXL circiter facta

Decembres drama melicum de Caesare et Cleopatra datum est, quam Carolus Henricus Graun musicus regius Theatri inaugurandi causa composuerat. Theatrum cum anno post perfectum esset, maximum erat illius temporis Germaniae. Knobelsdorff in commentariolo, quod ad regem mittit, scribit se porticum frontis ad septemtriones vergentis templo Apollinis antiquo simillimam excogitavisse, quod etiamnunc titulus supra ianuam insculptus declarat et prostypa, quae res gestas Apollinis monstrant. Frons ad meridiem vergens rebus gestis Orphei ornata est.

Partes interiores Theatri saepius commutabantur. Anno MDCCLXXXVIII a Carolo Godehardo Langhans architecto et scaena et cavea aucta est. Cuius filius Carolus Ferdinandus anno

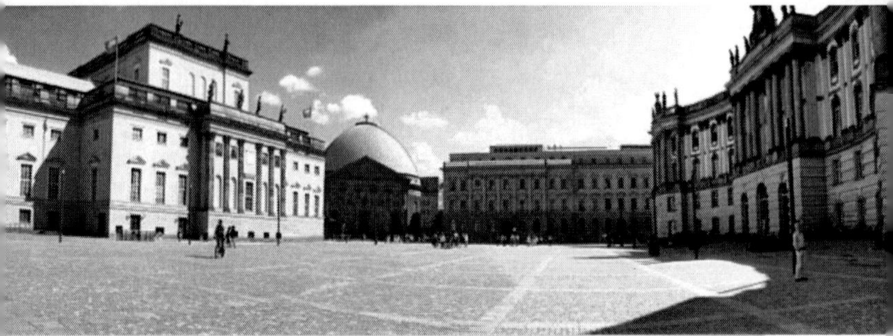

Forum Bebelianum cum Theatro Musico, Ecclesia Cathedrali Sanctae Hedvigae, Deversorio Romano, Bibliotheca vetere sive Commoda

MDCCCXLIII Theatrum incendio absumptum refecit. Cum uterque Langhans externa aedificii integra reliquisset, Eduardus Fuerstenau anno MDCCCCXXVIII domo scaenica nova extructa etiam frontes ad orientem et occidentem spectantes commutavit. Bello orbis terrarum secundo aedificium bis bombardis deletum est. Mense Februario anno MDCCCCXLV maximum damnum accepit. Sex annis post magistratus Rei Publicae Democraticae theatrum instaurandum esse constituerunt et huic negotio Richardum Paulick architectum socialisticum celebrem praefecerunt. His diebus theatrum rursus renovatur, ut materiis nocentibus purgetur et ad nostra tempora accomodetur. Supra scaenam et caveam tectum altius aedificabitur, ut soni a musicis effecti diutius resonent, quo magis delectentur aures auditorum. Quoad renovatio aedificii anno MMXIII perficiatur, dramata melica in Theatro Schiller dantur.

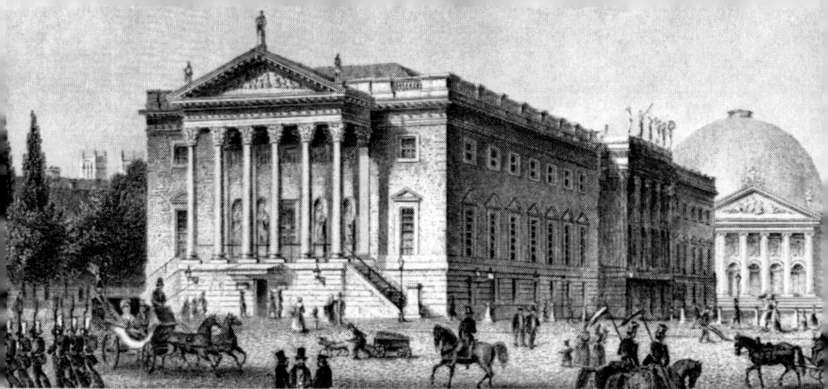

Prospectus Theatri Musici et Ecclesiae Cathedralis Sanctae Hedvigae saeculi XVIII

7 – Ecclesia Cathedralis Sanctae Hedvigae

Inscriptio cursualis: Behrenstraße 39, 10117 Berlin
Ecclesia patet cotidie horis X-XVII, diebus Dominicis et festis horis XIII-XVII.
Pagina domestica: www.hedwigs-kathedrale.de

Bello Silesico secundo confecto Fridericus in Foro suo splendidum triumphum egit. Prope Theatrum Musicum arcus triumphalis exstructus est, cuius titulo regem QVINQVE TRIVMPHIS PACEM fecisse declararetur. Quibus verbis Fridericus se quasi successorem esse divi Iulii contendit, qui annis ante Christum natum XLVI et XLV totidem triumphos egerat. Ut nomen suum etiam cum divo Augusto coniungeret, quippe qui templum Iani ter clausisse gloriatus esset, sacellum huius dei fieri iussit. Tum a populo primum cognomine Magno salutatus est. Artifices et scriptores illius temporis Fridericum libellis, carminibus, picturis velut imperatorem Romanum triumphantem ad caelum extulerunt. His gratiarum actionibus confectis aedificiis triumphalibus rescissis rex ecclesiam catholicam magnam Berolini aedificari iussit, ut clementiam ac patientiam suam demonstraret. Nam Silesii, quos in dicionem potestatemque suam redegerat, fidei catholicae addicti erant. Anno MDCCXLVII a.d. III. Idus Iulias primus lapis exstruendae ecclesiae depositus est. Omnes fidei catholicae principes Europae invitati sunt, ut in novum templum secundum rationes Knobelsdorff, Legeay, Bouman architectorum aedificandum pecuniam conferrent. Perspicuum est Ecclesiam Cathedralem Sanctae Hedvigae patronae Silesiae dicatam templo illi celeberrimo Romano similem factam esse, quod olim omnium deorum, postea Sanctae Mariae et Martyrum sacrum erat.

Fama tamen festiva fert Fridericum a viris quibusdam catholicis interrogatum, quae species ecclesiae aedificandae futura esset, indignabundum pateram cafaeariam suam circumegisse et „talem“ fore dixisse. Post bellum septennale confectum anno MDCCLXXIII ecclesia inaugurata est, sed imperfecta mansit usque ad saeculum undevicesimum. Anno MCCCCXXX dioecesi Berolinensi instituta sedes episcopi, anno MDCCCCXCIV archiepiscopi facta est. Cum bello orbis terrarum magnum damnum accepisset, partes interiores cum crypta et octo aediculis a restauratoribus paulum commutatae sunt. In crypta sepulcrum Bernardi Lichtenberg beati sacerdotis et martyris invenies, qui cum cives Iudaeos contra vim factionis Hitlerianae defendisset campo concentrationis damnatus in itinere Dachoviam anno

MDCCCCXLIII Nonis Novembribus mortuus est. Vitam eius a Godehardo Klein descriptam collega noster amicus Andreas Fritsch in Latinum convertit.

Bibliotheca Regia Vetus sive Commoda

Cum a Foro Bebeliano ad occidentem solem spectabis, aedificium curvatum videbis, quod a civibus Berolinensibus Commoda appellatur, quod armario illi simile est. Georgius Fridericus Bouman Georgius Christianus Unger architecti inter annos MDCCLXXIV et MDCCLXXXVI aedificandum curaverunt, ut bibliothecam regiam exciperet. Fridericus rex imitationem Frontis Michaelicae fieri iusserat, quam quinquaginta annis ante Ioannes Bernardus Fischer de Erlach Arci Imperatoriae Viennensi astruendam designaverat. Cum exemplum Viennense non ante finem saeculi undevicesimi conficeretur, bibliotheca Berolinensis quinque annis aedificabatur. Anno MDCCLXXXIV libri, quos marchiones Brandenburgenses et reges Prussiae per centum viginti annos collegerant, e proximo castello inde translati sunt. Verba fronti ad orientem spectanti insculpta haec sunt: NVTRIMENTVM SPIRITVS.

Accipe paucis, unde titulus ille ortus sit. Apud Diodorum Siculum scriptum videmus in bibliotheca Thebarum Aegyptiarum olim haec verba inscripta fuisse: ΨΥΧΗΣ ΙΑΤΡΕΙΟΝ, quae Latine „animae valetudinarium“ sonant. Quibus historiis incitatus Ioannes Terrasson scriptor Gallus in fabula quadam

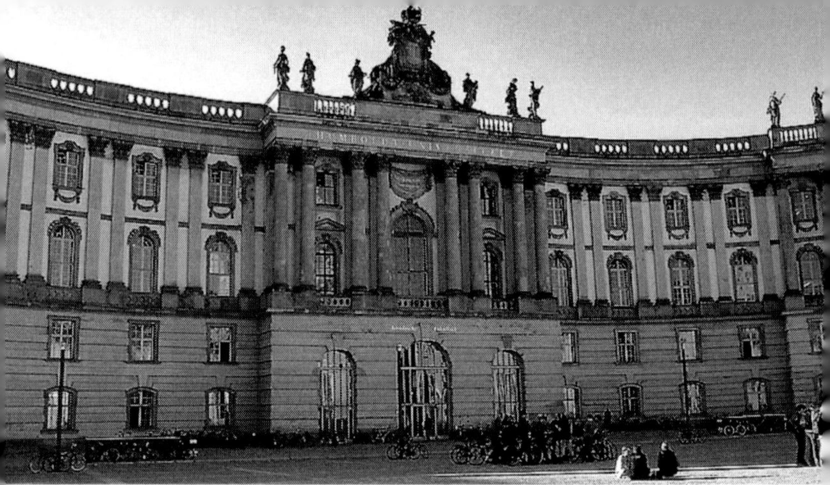

Bibliotheca Regia Vetus

docta atque verbosa, quae est de vita Sethi, contendit sacerdotes sapientesque Aegyptios in bibliothecam convenire solitos esse, cuius ianuae haec verba addidissent: „La Nourriture de l'Ame". Friderico rerum Aegyptiacarum amanti persuasum erat hanc sententiam eligendam esse, quae bibliothecam regiam Prussicam ornaret. Cives Berolinenses verba male versa per iocum peiora reddunt Theodisce sic: „Schnaps is ooch Nahrung".

Cum ad bibliothecam regum sumptibus, virorum doctorum laboribus auctam excipiendam aedificio maiore opus erat, anno MDCCCCXIV aedes in Via Sub Tiliis VIII sitae confectae sunt, ubi etiamnunc libri Bibliothecae Rei Publicae inspici possunt. Eodem anno universitas Berolinensis in aedificium vetus immigravit. His diebus facultas iuridica Universitatis Humboldtianae ibi sedem habet.

Postremo facinus silentio non praetereamus, quod accidit in foro nostro anno MDCCCCXXXIII a.d. VI. Idus Maias, cum litterarum studiosi nationali socialismo addicti multa milia librorum, qui conscripti essent a viris, ut tum dicebant, ‚minime Germanis', combusserunt. Cuius tristis eventi memoria monumento subterraneo Michae Ullmann artificis Israelani conservatur, cui verba Henrici Heine poetae celeberrimi addita sunt:

„Das war ein Vorspiel nur, dort wo man Bücher verbrennt, verbrennt man auch am Ende Menschen."

Quae versibus Latinis sic reddamus:

Prologum fuisse constat hunc tragoediae:
rogo qui scripta exurunt, mox homines cremant.

8 – Domus Almae Universitatis Humboldtianae Berolinensis

Inscriptio cursualis: Unter den Linden 6, 10117 Berlin
Domus vetus Universitatis Humboldtianae patet diebus profestis horis VIII-XX. Opera informatoria praebetur horis IX-XVI et dimidiam, diebus Veneris horis IX-XIV. In institorio Humboldt etiam mystagogi conduci possunt, qui hospites ad ea, quae in aedibus universitatis visenda sunt, ducant et unum quidque ostendant.
Paginae domesticae: www.hu-berlin.de; www.humboldtstore.de; www.humboldt-fuehrungen.de

Aedes Universitatis Berolinensis Fridericus II. rex in usum fratris sui Henrici principis in latere Fori ad septemtriones

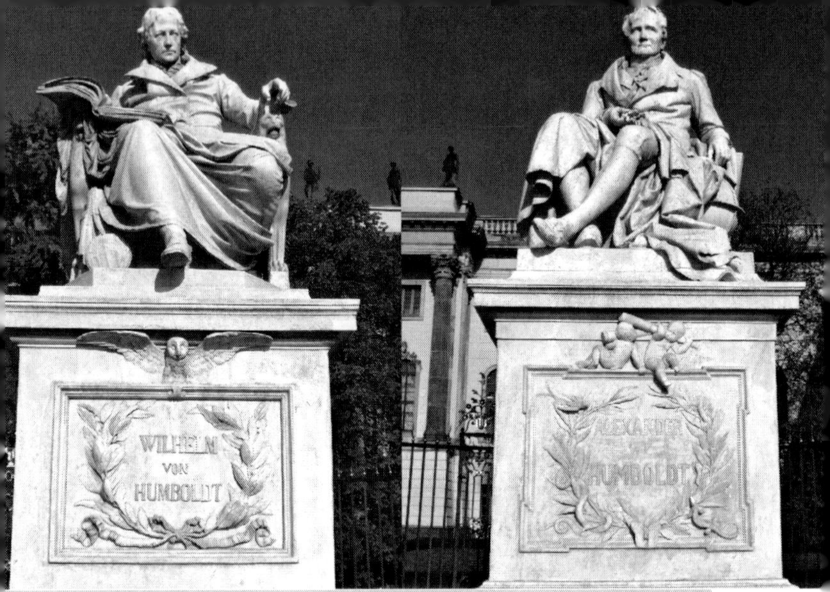

Guilelmus Alexander

vergente a Georgio Knobelsdorff aedificandas curavit. Cum post annum MDCCCII vidua Henrici sola ibi habitavisset, Fridericus Guilelmus III. has aedes Universitati a se conditae donavit. Statuae Alexandri et Guilelmi de Humboldt fratrum a Reginaldo Begas et Martino Paulo Otto factae sunt. Magnitudine et materia (sunt enim ex marmore) pares tamen secundum studia fratrum inter se differunt. Otto Guilelmum studiosum finxit, qui librum manu tenens in sella quadam sedit. Begas rationem Ottonis secutus Alexandrum trunco arboris imposuit, cuius lateri herbarium et globus mundi adhaerent, ut rerum naturalium studiosum cognoscas. Hieme statuae tegimentis ligneis teguntur, ne frigore ac nivibus damnum accipiant.

Cum longum sit historiam Universitatis nostrae pro meritis enarrare, originem saltem paucis perstringamus. Alma mater Berolinensis anno MDCCCX Guilelmo de Humboldt auctore a Friderico Guilelmo III. rege condita est, a quo tum etiam nomen accepit. Humboldt, qui proximo anno rebus ad litteras et cultum pertinentibus praefectus erat, Friderico Schleiermacher Ioanne Theophilo Fichte auctoribus usus cives nova quadam ratione erudiri et humanitate cultuque imbui studebat. Itaque post bellum orbis terrarum secundum Universitas a viro illo doctissimo et fratre reverentia haud minore nominando cognominata est. Cum Fichte primus rector magnificus creatus esset, nomina artium ac scientiarum studiosorum ducentorum quinquaginta sex a quinquaginta duobus professoribus docendorum in matriculam universitatis relata sunt. His diebus plus quam triginta milia iuvenum virginumque facultates undecim variis in aedibus per totam urbem dispersis collocatas frequentant. In atrio domus veteris variae expositiones exhibentur, in institorio Humboldt cum multa alia, tum vestes sigillo universitatis ornatae veneunt.

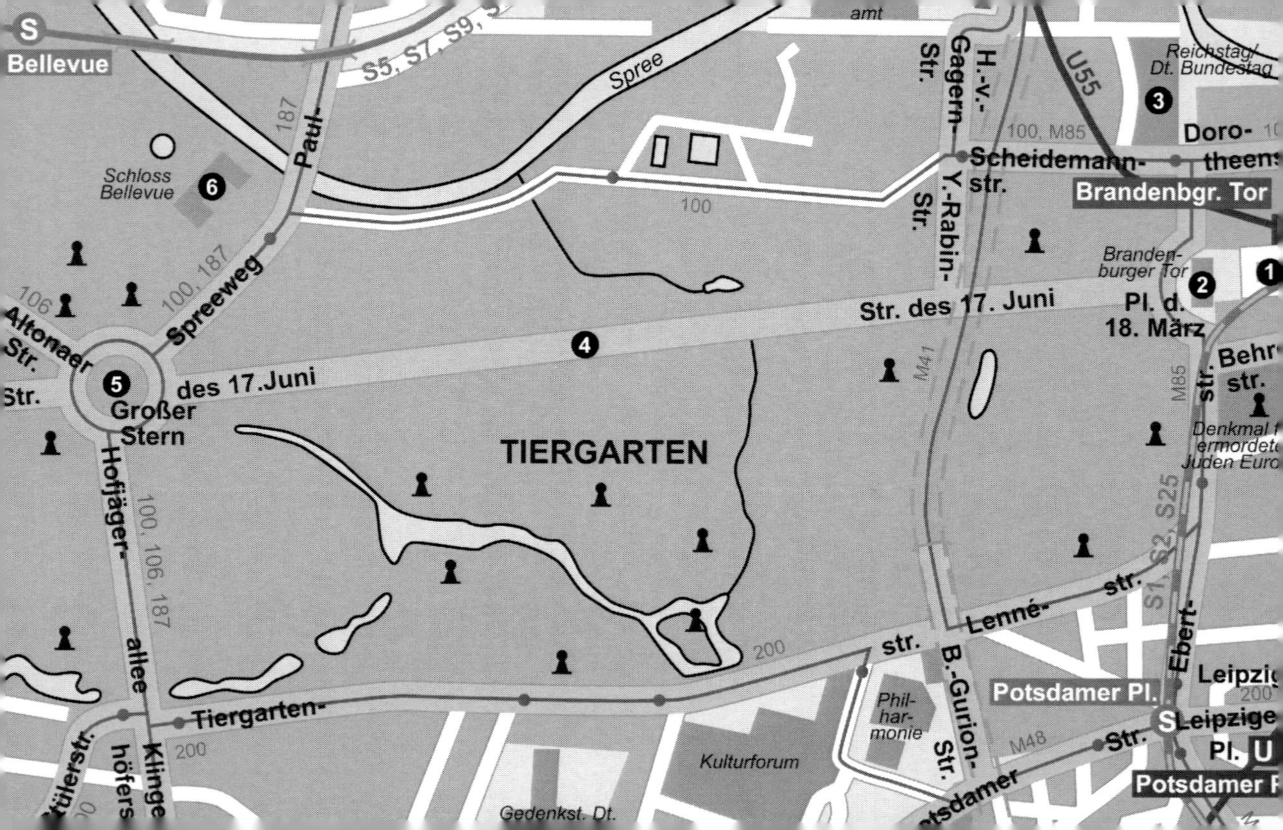
Bellevue
S5, S7, S9
Spree
amt
Reichstag/
Dt. Bundestag
U55
100, M85
Doro-
theenstr.
H.-v.-
Gagern-
Str.
Scheidemann-
str.
Brandenbgr. Tor
Y.-Rabin-
Str.
Brandenburger Tor
Pl. d.
18. März
Behrenstr.
Str. des 17. Juni
M41
M85
Denkmal f. ermordete Juden Euro
187
Paul-
Schloss Bellevue
100
100, 187
Spreeweg
106
Altonaer
Str.
Großer
Stern
des 17.Juni
TIERGARTEN
Hofjäger-
allee
100, 106, 187
S1, S2, S25
Ebert-
Lenné-
str.
200
B.-Gurion-
Str.
Potsdamer Pl.
Leipzig
Leipziger
Str.
M48
Phil-
har-
monie
Kulturforum
Tiergarten-
Klinge
höfers
Gedenkst. Dt.
Potsdamer

Cursus quartus –

A Foro Parisino per Portam Brandenburgensem et Hortum Bestiarum ad Castellum Bellevue

1 – Forum Parisinum

Vehicula publica: [S/U] Brandenburger Tor; [Bus] TXL, 100, 200

Usque ad saeculum septimum decimum illis locis, ubi his diebus Forum Parisinum cum Porta Brandenburgensi videmus, nihil erat nisi via, qua electores Brandenburgenses venandi causa a Castello in lucum illum profecti sunt, qui Hortus Bestiarum appellatur. Saeculo septimo decimo exeunte Fridericus Guilelmus elector cognomine Magnus Dorotheae uxori campum prope hanc viam situm donavit. Ubi Dorothea oppidum condi iussit, quod paulo post honoris eius causa Dorotheenstadt nominatum est. Saeculo duodevicesimo cum Berolino Coloniaque coniunctum est. Fridericus Guilelmus I. rex anno MDCCXXXII Forum

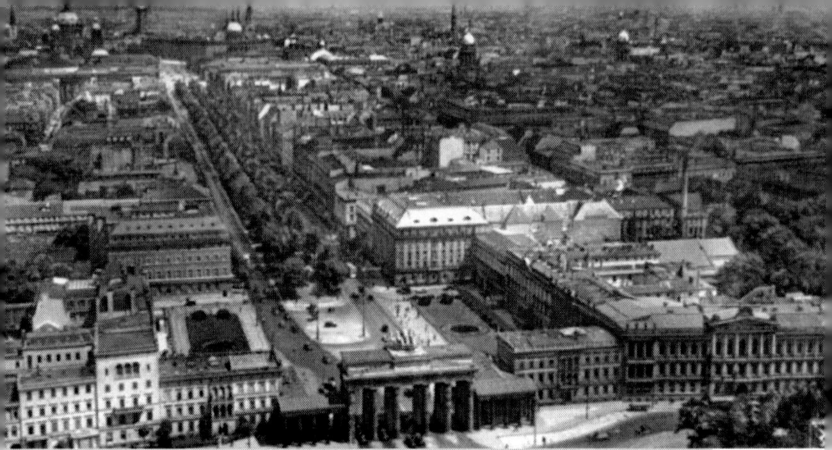

Forum Parisinum anno MDCCCCXXXI

Quadratum porta et domiciliis splendidis coaedificari iussit. Quod iam quattuor annis post perfectum est. Saeculo duodevicesimo exeunte, cum aetas machinalis industriae inductionis appropinquaret, Ioannes Georgius Sieburg textrinae dominus ad Forum Parisinum officinam suam instituit et machina vaporaria instruxit. Medio saeculo undevicesimo aedificia secundum discriptiones Caroli Friderici Schinkel et Friderici Augusti Stueler discipuli eius commutata sunt. Neminem esse putamus, quin per televisionem aliquando consulem regentem Berolinensem vel cancellariam Rei Publicae Foederalis Germaniae hospites per Portam Brandenburgensem et Forum Parisinum comitantes viderit. Iam imperatores Germaniae Foro quasi atrio imperii utebantur, ut advenis peregrinis admirationem moverent. Ceterum nonnulla, quae ad historiam fori nostri pertinent, in capite proximo Portae Brandenburgensi dedicato invenies. Ut nunc singula aedificia ad Forum Parisinum sita percenseamus, consiste quaesumus in Foro ad Portam obversus et nobis ducentibus circumage oculos ratione horarum indicis.

Ad latus septemtrionale Portae Brandenburgensis Domus Liebermann adiacet. Ibi a saeculo undevicesimo exeunte in domicilio a Stueler architecto aedificato pictor ille celeberrimus habitabat et paulo post, quam Hitlerianae factionis magistratus ei, ut religioni Mosaicae addicto, negotio et artibus interdixerunt, anno MDCCCCXXXV mortem obiit. Integritate urbis instaurata domus bello orbis terrarum deleta a Iosepho Paulo Kleihues architecto commutationibus variis factis restituta est. His diebus sedes est operis fundati „Porta Brandenburgensis“, quod beneficio Argentariae Urbis et Regionis Berolinensis institutum est. Fori latus septemtrionale domiciliis modernis terminatur, quae sedes sunt operis fundati Societatis Sarciendis Damnis Allianz et legationis Gallorum. Napoleo III. imperator anno MDCCCLX domicilium pristinum emerat, quod postea nimirum bello mundano deletum est. A latere inter meridiem et orientem solem spectante deversorium splendidissimum Adlon excellit. Anno MDCCCCVII primum aedificatum est. Laurentius Adlon a Guilelmo II. imperatore impetraverat, ut domicilium Redern ab ipso Carolo Friderico Schinkel exstructum dirueretur, ut suo deversorio locus daretur. Anno MDCCCCXLV ala una excepta incendio absumptum est. Communistis rerum potitis ibi deversorium tironibus et alumnis recipiendis erat, dum anno MDCCCCLXXXIV reliquiae domus veteris dirutae sunt. Anno MDCCCCXCVII deversorium Adlon novum haud inferius quam domus pristina apertum est. Cui proximum est aedificium Academiae Artium Berolinensis, quod inter annos MM et MMV eo loco aedificatum est, quo saeculo undevicesimo domicilium Arnim fuerat, ubi Achimus de Arnim poeta puer habitaverat. Ad dextram sequuntur – locis domiciliorum Wrangel et Bluecher – sedes Argentariae DZ a Francisco Gehry architecto Americano celeberrimo exstructa et legatio Civitatum Foederatarum Americae. Domus Sommer ad latus meridionale Portae Brandenburgensis adiacens, quam – ut Domum Liebermann – Iosephus Kleihues aedificavit, Argentariae Commerciorum est. Accedamus tandem ad portam ipsam.

2 – Porta Brandenburgensis

Loco, quo nunc Porta Brandenburgensis celeberrima surgit, aliquando porticula erat, cui nomen erat ‚Porta Horti Bestiarum'. Inter annos MDCCXXXIV et MDCCXXXVIII aedificata est. Duabus tantum columnis vasis ornatis constabat, quae viatoribus terminum urbis ostenderent, ad quem vectigalia pendenda erant. Itaque Fridericus Guilelmus II. rex Prussiae monumentum aedificari iussit, quod via praeclara, quae „Sub Tiliis“ appellatur, dignum esset. Porta nova anno MDCCXCI mense Iulio confecta est. Carolus Godehardus Langhans architectus cum esset rerum antiquarum amicissimus, Propylaea Athenarum imitari voluit, quae tamen ipse numquam viderat nisi in libris depicta. Propylaea sunt porta

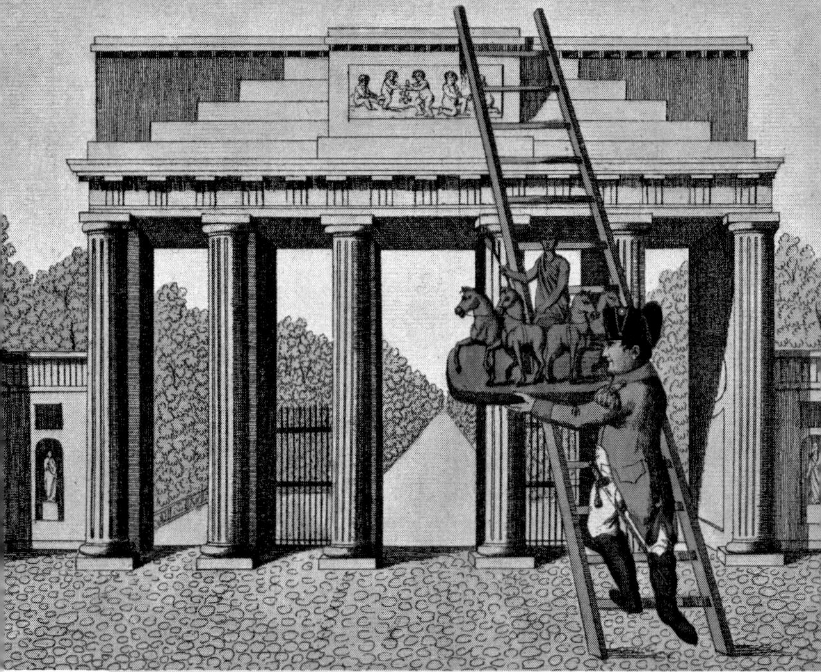

Napoleo quadrigas furatur

arcis Athenarum, quam Graeci ἀκρόπολιν vocant. In aedificiis, quae ab utroque latere portam attingunt, custodes collocabantur, qui vectigalia exigerent.

Statua feminea, quam in summa porta positam videmus, Victoriam deam repraesentat, civibus faciem, advenientibus tergum obvertens. Quae equos quattuor currum suum triumphalem trahentes magnitudine paene adaequat. Caput eius corona laurea redimitum est. Manu dextera sceptrum tenet, cui primis temporibus nihil nisi aquila supersedebat. Hae quadrigae a Ioanne Godefrido Schadow sculptore factae sunt. Nostris temporibus etiam crucem sub aquila ferream coronae laureae insertam cernimus. Quae addita est, cum Napoleo imperator Galliae victus esset apud oppidum Belgarum, quod „Waterloo“ appellatur.

Nam aliquot annis ante Napoleo cum Berolinum expugnavisset, quadrigas Lutetiam Parisiorum deportari iusserat. Sunt qui dicant Napoleonem in animo habuisse arcum triumphalem Lutetiae Victoria Berolinensi ornare. In itinere quadrigae magnum damnum acceperunt. Fama est Fridericum Ludovicum Jahn palaestricum Berolinensem aliquem e discipulis suis rogavisse, quid sentiret, cum portam dea privatam videret. Qui cum respondisset se nihil omnino sentire, alapam accepisse, ne umquam statuam recuperandam oblivisceretur. Napoleone superato quadrigae Berolinum reportatae et rursus in porta collocatae sunt. Tunc, ut supra diximus, crux ferrea addita est. Carolus Fridericus Schinkel iussu regis formam eius designaverat.

Crux illa ferrea etiamnunc signum est exercitus Germanici, qui lingua nostra „Bundeswehr“ appellatur. Napoleone victo area ante portam Brandenburgensem sita, quae postea „Pariser Platz“ nominata est, pompis ac spectaculis, quae ad rem publicam pertinent, celeberrimis destinata est. Cum medio saeculo undevicesimo pomerium extensum esset, porta nostra media in urbe stabat. Tamen sola e portis urbis, quae olim septendecim fuerant, servata et porta triumphalis facta est. Dum multos per annos signum clarum et monumentum publicum permansit, etiam infelicia tempora vidit: Cum fascalis factio Adolpho Hitler

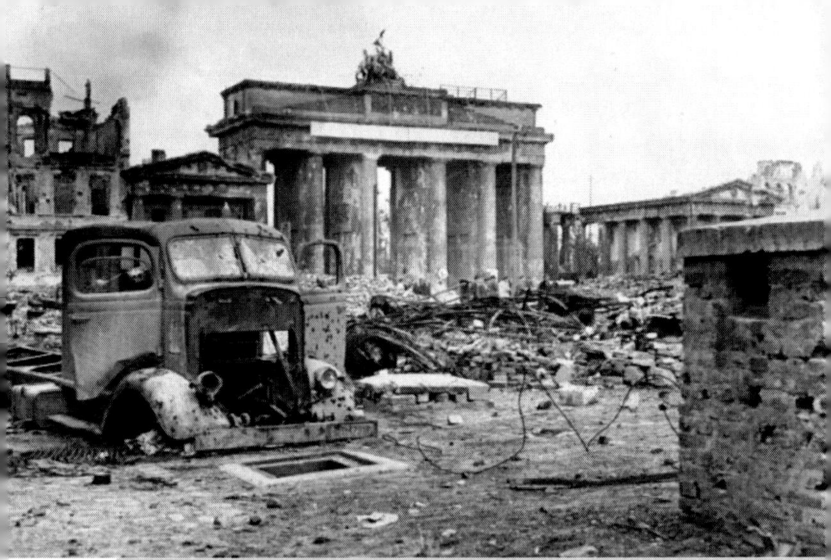

Porta Brandenburgensis anno MDCCCCXLV

duce orbi terrarum bellum atque terrorem inferret, hoc loco spectacula frequentia, quae istius factionis pravam doctrinam spirabant, ut pompae illae facibus illuminatae, celebrabantur.

Ultimis diebus belli cum de media urbe acerrime pugnatum est, porta magnum damnum accepit, quadrigae totae fere deletae sunt. Duo tantum equi superfuerunt.

Porta et quadrigae paucis annis post quam finis bellandi factus est, restitutae sunt. Non multum temporis transierat, cum novum fatum triste et urbi et portae paratum est. Nam bello confecto Berolinum (ut Germania omnis) a gentibus victricibus in partes quattuor divisum est. Tum porta Brandenburgensis in ipso limite, qui partem Sovieticam a parte occidentali dividebat, sita erat. Qui limes vi et armis defensus

De muro Berolinensi Latine deplorato

Forte accidit, ut C. Arrius Nurus poeta neolatinus celeberrimus anno MDCCCCLXI Idibus Augustis – eo ipso die, quo milites atque operarii iussu magistratuum Rei Publicae Democraticae Germaniae murum exstruere coeperunt – Berolinum, qua in urbe aetatem pueritiae ac adulescentiae degerat, viseret. Qui anno MDCCCCXXXIII cum nationales socialistae civibus Iudaeis perniciem molientes rerum potiti essent, cum uxore e patria fugerat et, cum aliquot annos apud Batavos et Britannos exsulavisset, in Civitates Foederatas Americae migraverat. Rebus Idibus illis Augustis gestis adductus est, ut domum reversus saturam Menippeam conscriberet. Ex verbis eius intellegi potest, quam tristem speciem vallum illud praebuerit. „Milites" inquit „e lateribus confractis – nam maximi aggeres ruderis etiam nunc, annos XVI ab urbe deleta, undique videbantur – lamnas fabricati murum aedificabant. Simulque vacuefaciebant domus muro surgenti contiguas, ne quis desiliendo libertatem capesseret. Pauperum supellectilem sarcinulasque pabonibus chiramaxis trirotis auferri videbamus." Cives Berolinenses miseros verba Vergilii poetae docte commutans his versibus affatur:

„‚Infortunati, quorum iam moenia surgunt.'
Moenia? Numne hostes arcent civesque tuentur?
Vallum istud miseros claustris et carcere frenat,
ne rubrum effugiant paradisum. Mens mala vecorsque
illis, qui vulgo se decoxisse fatentur!"

(Schnur, Vallum Berolinense ed. Felgentreu, p. 36)

muro illo insuperabili munitus est, ut cives unius urbis per multos annos commeatu intercluderentur.

Anno MDCCCCLXXXIX vis populi murum illum destruxit et integritas Germaniae tandem restituta est. Tum porta signum Germaniae unitae facta est.

Praeterea nostra aetate magna spectacula, quae exempli gratia initio anni novi vel inter certationem pedifollii mundanam eduntur, hoc loco celebrantur. Nunc tandem porta Brandenburgensis re vera porta populi facta est.

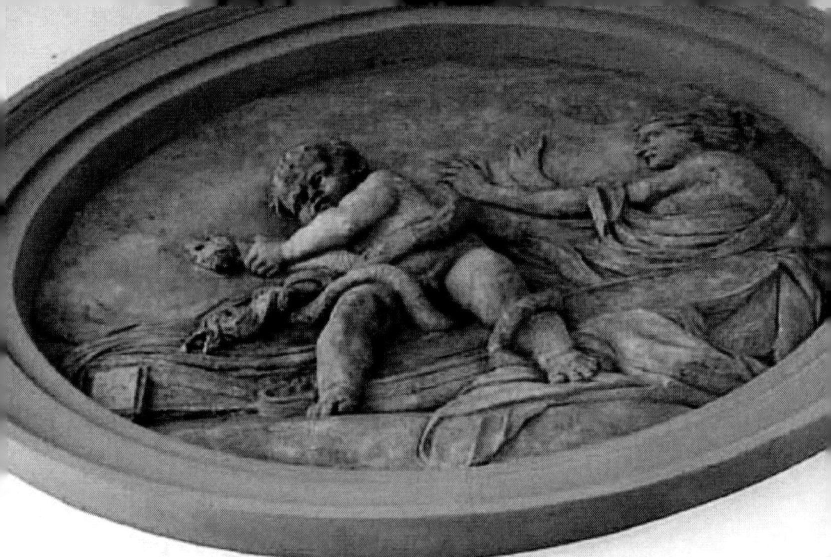
Hercules infans serpentes trucidat

In partibus interioribus portae vita Herculis depicta est. Non solum aliquot e duodecim laboribus, sed etiam aliae res ab Hercule gestae demonstrantur. Duas imagines dignas putamus, quibus exemplis utamur. In medio portae transitu Herculem infantem serpentes trucidantem videmus. Nam Iuno invida hos serpentes miserat, ut eum necarent, quia filius Iovis mariti eius et Alcmenae erat. Prope eum mulier depicta est, aut Alcmena mater aut nutrix quaedam.

Heros miserrime periisse dicitur, cum Deianira uxor invidia permota vestimentum Nessi centauri sanguine tinctum ei misisset. Quo vestimento indutus Hercules tantis doloribus corporis excruciatus est, ut Philoctetae amico imperaret, ut rogo exstructo se cremaret. Postea in numerum deorum repositus est.

Mercurium, Apollinem, Iovem, Minervam, Iridem Hebemque deam iuventutis Herculis uxorem futuram circumstantes videmus.

Utrique portae lateri singulae aediculae additae sunt. In sinistra aedicula Martem genitorem gentis Romanae cernimus, qui galea et gladio et scuto armatus cives Berolinenses ab externis hostibus defendere videtur.

In dextra aedicula Minerva sedet, quam sapientiae, artium, artificum deam esse et patronam vitae urbanae veteres putabant. Utrumque numen eis, qui Berolinum incolunt, imago rei publicae est domi forisque confirmatae.

In ea parte, quae attica appellatur et quadrigis supposita est, Pacem victricem ramum olivae et coronam lauream ferentem videmus. Sedet in curru triumphali, quem Cupidines quattuor trahunt. Amicitia, Concordia, Sapientia civilis, Victoria antecedunt. Hercules autem antesignanus Invidiam et Discordiam clava repellit. Artes quinque, quae sunt Poesis, Musica, Pictura, Sculptura, Architectura, una cum Abundantia et Laetitia currum sequuntur. Hac tabula saxea illustratur, quam valde dei urbi Berolino faveant.

3 – Curia Imperii

Vehicula publica: [S/U] Brandenburger Tor; [Bus] M85, 100
Inscriptio cursualis: Platz der Republik 1, 10011 Berlin
Tholus et solarium cotidie patent ab hora VIII usque ad mediam noctem. Aditus gratuitus est, sed praenuntiare adventum necesse est pagina domestica www.bundestag.de/besuche .

Transgrediamur per Portam in partem occidentalem urbis nostrae et declinemus ad dexteram, ut Via

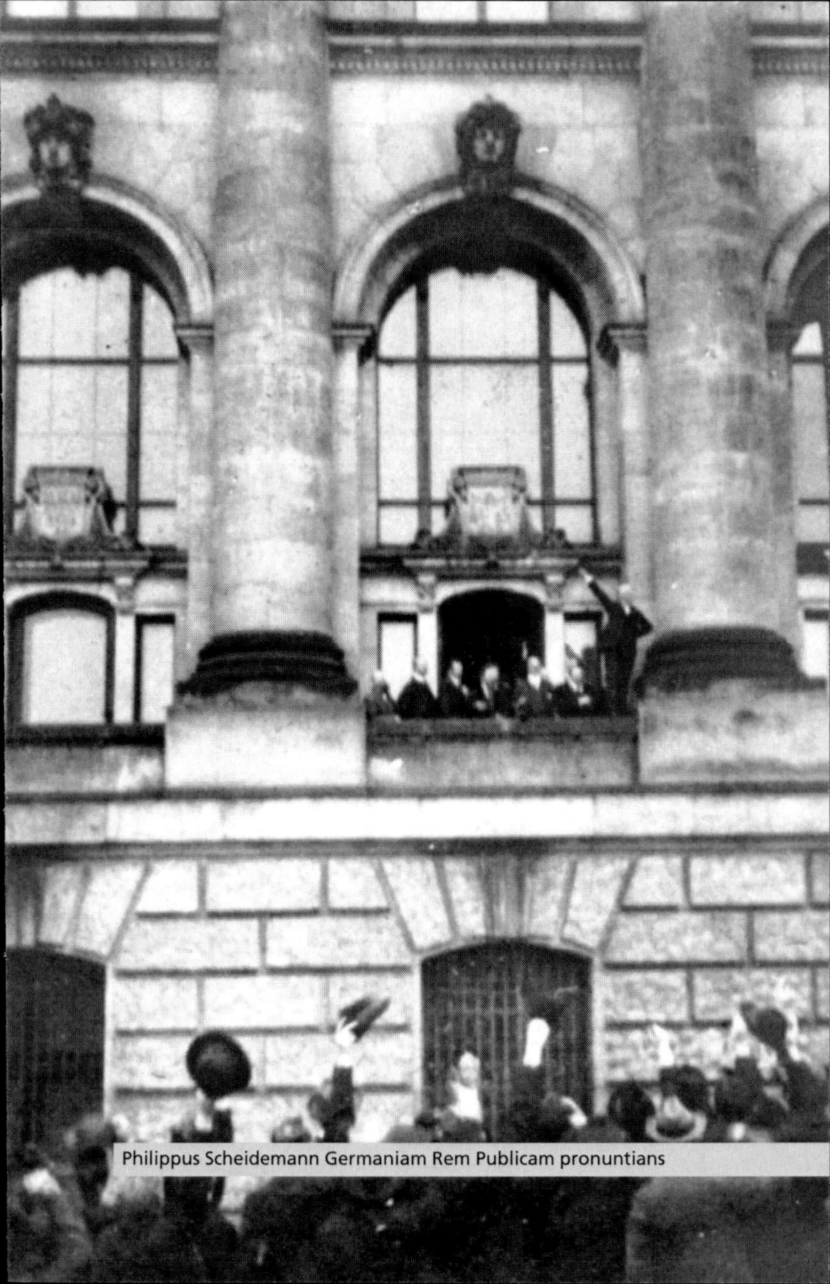

Philippus Scheidemann Germaniam Rem Publicam pronuntians

Ebertina Curiam Imperii, ut nomine inveterato etiamnunc appellatur, sedem parlamenti Rei Publicae Foederatae Germaniae, petamus. Cum anno MDCCCLXXI Imperium Germanicum conditum esset, novo et amplo aedificio opus erat, quo legati omnium regionum Germaniae convenire possent, cum Curia Prussiae, quae his diebus sedes est parlamenti urbis Berolini, tot hominibus parum spatii praeberet. Itaque certamen architectorum propositum est et parlamentum demigravit in aedificium Manufacturae Regiae Prussicae Argillae Sinensis. Victor certaminis Ludovicus Bohnstedt discessit, cuius consilia tamen ad usum translata non sunt, cum locus idoneus inveniri non posset. Novem annis post placuit tandem, ut curia nova in Foro Regio, quod nunc Campus Rei Publicae appellatur, domicilio Athanasii Raczynski comitis rescisso exstrueretur et novum certamen proponeretur. Paulus Wallot architectus Francofordiensis palmam accepit. Controversia longa inter Guilelmum II. imperatorem et Wallot de forma et sede tholi curiae imponendi sublata aedificium anno MDCCCXCIV perfectum est. Titulus supra porticum insculptus, quo curia POPVLO GERMANO dedicatur, viginti duobus annis post additus est. Bello orbis terarrum primo paene confecto anno MDCCCCXVIII a.d. V. Idus Novembres Philippus Scheidemann socialista democratus de Curia Germaniam Rem Publicam pronuntiavit.

Anno MDCCCCXXXIII mense Februario exeunte curia incendio magnum damnum accepit. Quod Adolphus Hitler, qui paulo ante rerum potitus erat, praetendit, ut novas atque inauditas leges perferret,

De Curia Imperii velata

Anno MDCCCCXCV Cristus et Ioanna Claudia artifices velum ingens consuendum curaverunt, quo Curia Imperii absconderetur. Homines quid tum sentirent, Monica Maron scriptrix his verbis expressit: „Plötzlich steht inmitten der mißmutigen Umtriebigkeit, verlockend und flüchtig wie eine Fata Morgana, Christos verhüllter Reichstag, und die Berliner tun etwas, das der Senat seinen öffentlich Bediensteten in Fortbildungskursen vergebens beizubringen versucht: Sie lächeln. Alles, was man ihnen vorwirft, nicht zu sein, sind sie innerhalb der Bannmeile um den Reichstag: großstädtisch, friedfertig, gelassen, sogar höflich, als benutzten sie die Verhüllung als Projektionsfläche für alles, was sie an ihrer Stadt und an sich selbst vermissen." (Monika Maron, Ein gigantisches Spielzeug, in: Der Spiegel 27 [1995] 24f., 25.)
Quae verba Latine sic reddi possunt:
„Subito cives Berolinenses morosi ac plurimis negotiis implicati vident Curiam Imperii a Cristo velatam quasi simulacrum gratum et fugax, quo commoti contra consuetudinem affectum animi concipiunt, ad quem imprimis ministri publici antea nequaquam adduci potuerunt. Immo subrident. Berolinenses cum prope Curiam versantur, mores, ob quos infames esse solent, mutare non dubitant. Vere urbani fiunt, placabiles, faciles, humani, tamquam si his velis omnia velata sint, quae cum in urbe tum in vita sua desiderent."

quibus ei, qui a se dissentirent, proscribi et ad supplicium produci possent. Tyrannide constituta parlamento opus non fuisse apertum est. Cum legati populares non essent nisi fascalis factionis sectatores, qui in Theatrum Kroll conveniebant, Curia Imperii vacabat, ut expositiones ibi exciperentur, quibus odium phyleticum inflammaretur. Quamquam temporibus socialismi nationalis nullius momenti fuerat, milites Sovietici urbem expugnantes aedificium pyrobolis quatiebant et victoriam adepti in summa curia vexillum suum posuerunt. Multis annis post tholo cautionis adhibendae causa destructo Paulo Baumgarten architecto mandatum est, ut Curiam Imperii restitueret. Anno MDCCCCLXXI opus perfectum est, sed parlamentum Rei Publicae Foederatae Germaniae eo convenire non licuit. Integritate Germaniae instaurata legati populares cum anno MDCCCCXC a. d. IV. Nonas Octobres in Curia Imperii initium aetatis novae celebravissent, proximo anno constituerunt sedem parlamenti Bonna transferendam esse Berolinum.

Itaque curia inter annos MDCCCCXCV et MDCCCCXCIX a Normanno Barone Foster architecto Britanno celeberrimo commutata et novo tholo vitreo auditorio ipsi imposito affecta est. Qui visendi causa veniunt, per solarium aedificii tholum ingredi et ascendere possunt. Cum omnino translucidus sit, vel prospectu urbis delectari vel introrsum legatos populares disputantes observare licet.

4 – Hortus Bestiarum et via, quae „Straße des 17. Juni" appellatur

Hortus Bestiarum, quem cum Horto Medio Novi Eboraci et Horto Hyde Londiniensium conferre iniustum non fuerit, a civibus pulmo viridus urbis vocatur. Magnitudinem habet DCCC fere iugerum. Olim silva ante pomerium urbis sita erat, quam electores Brandenburgenses venandi causa petere solebant. Cum Fridericus Guilelmus I. campum ibi instituisset, quo milites sui armis exercerentur, Fridericus II. filius eius aream omnem in hortum publicum commutari et sedecim statuis ornari iussit, quae urbanitate Berolinensium pupae appellatae sunt. Inde etiam vulgare proverbium ortum est, quo parentes liberos admonere solent, cum iuvenes ad multam noctem domo abesse vetant: „Noli bacchari usque ad pupas!" Friderico Guilelmo III. rege hortus a Petro Iosepho Lenné pluribus tramitibus, rivulis, piscinis ornatus est. Saeculo undevicesimo exeunte statuae plurimae regum, scriptorum, artificum Germanorum addebantur. Bello orbis terrarum confecto anno MDCCCCXLV incolae Berolini hieme tam saeva vexabantur, ut omnes fere arbores succiderent. Deinde suum quisque hortulum culinarium in hac area instituit. Paucis annis post hortus delectabilis publicus refectus est, quem sive pedibus sive animo ad meridiem versus transeas, dum ad viam latissimam perveneris, de qua nunc te certiorem faciemus.

Anno MDCXCVIII Fridericus III. elector, qui paucis annis post primus rex Prussiae factus est, campum, quod „Astrum Magnum" appellatur, fieri et viam, qua itur per Hortum Bestiarum lapidibus sterni iussit. Quae cum Castellum Urbanum cum domo regia coniungeret, quam Fridericus Sophiae Charlottae uxori donaverat, Via Charlottenburgensis nominata est. Hac saeculis XVIII. et XIX. hospites advenae urbi appropinquabant, hac pompae funebres et nuptiales ducebantur. Cum Adolphus Hitler dictator vesanus, ut urbem Berolinum in caput mundi nomine ‚Germania' mutaret, Albertum Speer architectum Decumanum Maximum per totam urbem facere iussisset, Via Charlottenburgensis anno MDCCCCXXXVIII ita producta est, ut tam lata fieret, quam nunc est. Eo loco, quo Decumanus Cardinem Maximum a Speer inchoatum attigit, his diebus monumentum vides, quod milites Sovietici exstruxerunt, ut commilitones, qui Berolini pugnantes interfecti essent, honorarent.

Cum ad historiam Berolini pertineat, accipe paucis, unde nomen ortum sit, quo via illa nostris temporibus appellatur. Anno MDCCCCLIII res oeconomicae in Re Publica Democratica Germaniae deteriores fieri coeperunt. Cum factionis communisticae magistratus rei publicae male consulerent neque remedium inopiae invenire possent, a.d. XVI. Kalendas Iulias inter operarios domos iuxta Viam Stalinianam, ut tunc Via Francofordiensis appellabatur, aedificantes, seditio orta est, quae celeriter per totam rem publicam diffusa est. Postridie vis populi magistratus fidem Sovieticorum implorare coegit. Duo viri vexillum Sovieticum in summa Porta Brandenburgensi positum divellerunt et tricolor illud adhibuerunt, ut integritatem Germaniae instaurandam esse declararent. Sub vesperum vero seditio plebis exercitu Sovietico adducto restincta est. Quinque diebus post senatus Berolini occidentalis Viae Charlottenburgensis nomen mutandum esse constituit, ut dies seditionis animis mentibusque civium penitus mandaretur et memoria eorum, qui illo tempore interfecti essent, coleretur.

Etiam nostris temporibus haec via magni momenti est, cum multa et magna munera ludique ibi locum habent, veluti anno MMVI, cum totus mundus in certamen pediludii veniret, via speciem mutavit, ut spectaculum magnificum populo praeberetur. Tum imagines televisificae ludorum albis linteis maximis ostendebantur. Etiam Pompae Amoris, quibus spectaculis quotannis musica technica celebrabatur, illa via ducebantur. Anno MMVIII a.d. IX. Kalendas Augustas multis milibus civium audientibus Baracus Obama Civitatum Foederatarum Americae praeses tum candidatus orationem habuit ante Columnam Victoriae, cui nunc appropinquemus.

5 – Columna Victoriae

Columna Victoriae in celeberrimis sedibus attractivis Berolini numeratur. His temporibus in medio compito circulari sita est, quod Astrum Magnum vocatur. Columna in altitudinem sexaginta sex metrorum Guilelmo I. auctore aedificata est, ne quis victorias oblivisceretur, quas Prussi pluribus bellis contra Danos, Austriacos, Gallos gestis inter annos MDCCCLXIV et MDCCCLXXI adepti essent. Quibus bellis confectis Imperium Germanicum conditum est. Henricus Strack id monumentum designans atque describens Romanorum exemplo usus est. Nam Traianus Augustus primus fuit, qui talem columnam aedificari iuberet, postquam de Dacis triumphaverit. Basis quadrata quattuor ectypis ornata est, quibus bella illa tria illustrantur; praeterea titulus inscriptus est, qui Latine his verbis redditur: EXERCITVI VICTORI PATRIA GRATA. Basi porticus rotunda imposita est, cuius umbilicus opere tessellato versicolori tectus est.

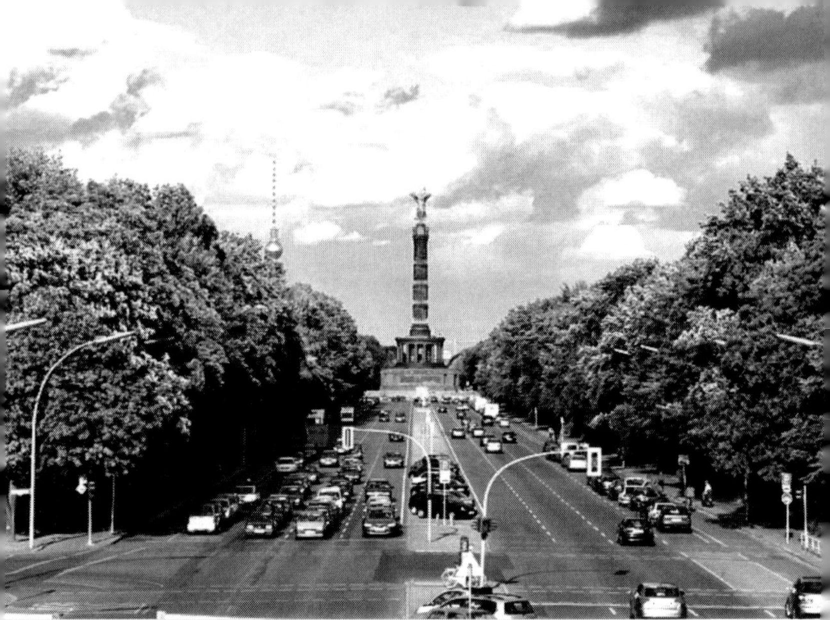

Via, quae Straße des 17. Juni appellatur, et Columna Victoriae

Columna ipsa sexaginta bombardis auratis refulget, quas Prussi ex hostibus ceperunt. Summa in columna statua Victoriae aurea a Friderico Drake sculpta invenitur, quam cives Berolinenses ut homines hilaribus animis praediti Elsulam Auream appellare solent. Columna Victoriae primo in Foro Regio sita erat, quod nostris temporibus Campus Rei Publicae appellatur. Anno MDCCCCXXXVIII consilio Alberti Speer translata est, ut Decumano Maximo ornamento esset et novis aedificiis monstruosae magnitudinis in Foro Regio aedificandis locum daret. His diebus columnam per gradus ducentos octoginta quinque ascendere potes, ut aspectu Horti Bestiarum et urbis totius delecteris.

6 – Castellum Bellevue

Inscriptio cursualis: Spreeweg, 10557 Berlin
Pagina domestica: www.bundespraesident.de

Castellum, quod nomen accepit a bello prospectu, a Michaele Philippo Bouman designatum anno MDCCLXXXVI confectum est, ut Ferdinandus Friderici II. regis frater minor natu domicilium aestivum haberet. Partes villae rusticae Georgii Venceslai de Knobelsdorff architecti regii, quae antea illo loco sita erat, novo aedificio insertae sunt. Hortus delectabilis amplus, qui ad castellum pertinebat, ab Horto Bestiarum fossa dividebatur, quae cum oculos ambulantium improvidorum ita effugeret, ut paene inciderent, ‚aha!' appellabatur. Poeta quidam anonymus saeculi undevicesimi prospectum pulcherrimum his versibus laudavit:

„Wir nun hatten uns jetzt genaht dem erhabnen Palaste,
doch nicht wagten wir schon hineinzutreten, der Aussicht
vor dem Platz am Palast erst zu genießen begierig.
Dorthin wallte der Strom durch Wiesen und dämmernde Haine,
stets mit Schwänen bedeckt, mit Gondeln und Masten der Schiffe.
Hinter ihm heben Berlins hochragende Thürme sich [. . . .].“

(Busche 2005, p. 54.)

Quae his fere verbis reddi possunt:

Nos laetis petimus regalem cordibus aulam.
Gressum inferre tamen non ausi pascere visum
ab nimium cupidi fundum miramur amoenum:
Hinc per prata nemusque umbrosum volvitur amnis,
qui cygnis ratiumque frequens est flumine malis;
adsurgunt illinc turres celsae Berolini.

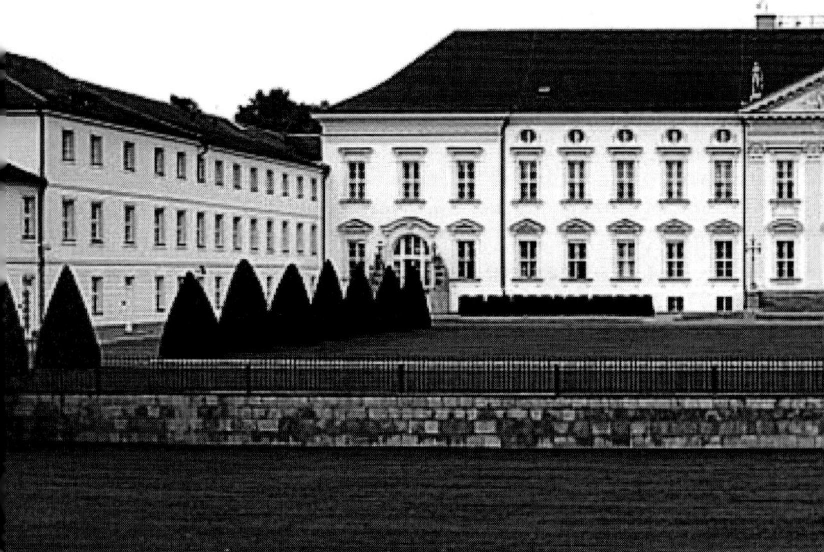

Castellum Bellevue

Castelli pars interior saepe commutabatur. Iam tribus annis postquam aedificium confectum est, Carolus Godehardus Langhans oecum maximum in apsida curvatum instruxit, ubi antea quadratus fuerat. Ferdinando mortuo domicilium Augusti filii eius erat. Qui cum liberos legitimos non haberet, anno MDCCCXLIII Fridericus Guilelmus IV. Castellum Bellevue emit et Pinacothecam Patriam

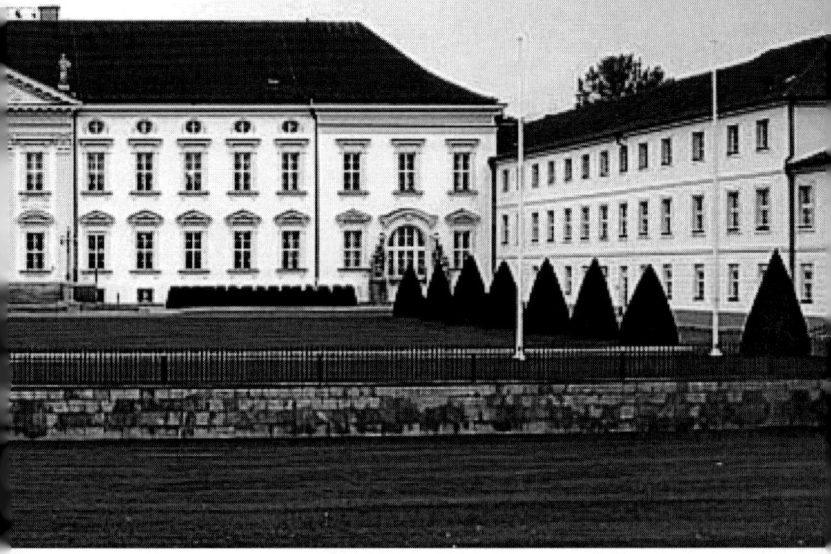

ibi instituit, quae fuit prima Pinacotheca publica Berolini. Bello orbis terrarum primo sedes eorum erat, qui ab imperatore bello gerendo praefecti erant. Anno MDCCCCXXXV museum culturae popularis factum est, tribus annis post hospitibus publicis recipiendis destinatum est. Ab anno MDCCCCLIX sedes est praesidum Rei Publicae Foederalis Germaniae.

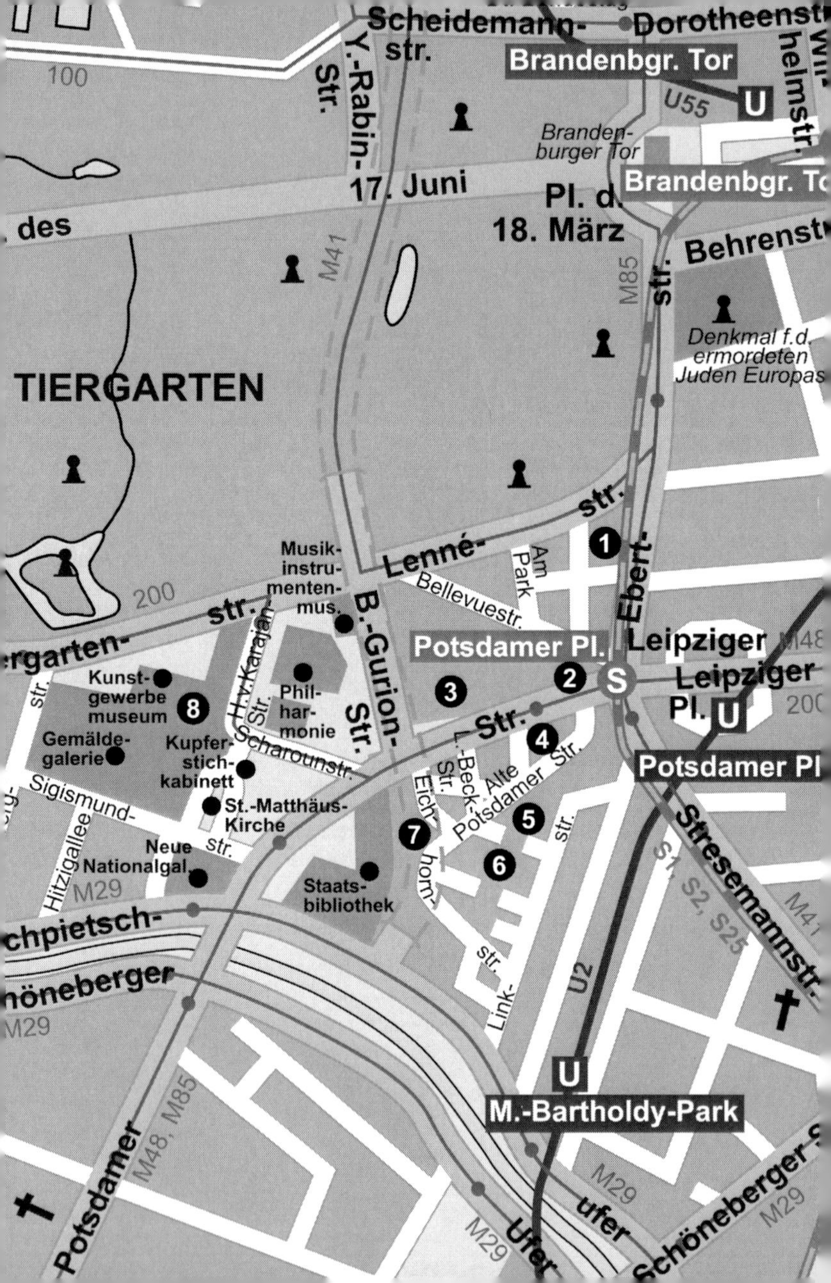
Scheidemann-str.
Dorotheenstr.
Brandenbgr. Tor
Y.-Rabin-Str.
Wilhelmstr.
U55
Brandenburger Tor
Brandenbgr. Tor
17. Juni
Pl. d. 18. März
des
M41
M85
Behrenstr.
Denkmal f.d. ermordeten Juden Europas
TIERGARTEN
Lenné-str.
Ebert-str.
Am Park
Bellevuestr.
Musikinstrumentenmus.
B.-Gurion-Str.
200
Tiergarten-str.
Potsdamer Pl.
Leipziger Pl.
Leipziger Str.
M48
200
Kunstgewerbemuseum
H.v.Karajan-Str.
Philharmonie
Gemäldegalerie
Kupferstichkabinett
Scharounstr.
Potsdamer Str.
L.-Beck-Str.
Alte Potsdamer Str.
Potsdamer Pl
Sigismund-str.
St.-Matthäus-Kirche
Eichhorn-str.
Stresemannstr.
Hitzigallee
Neue Nationalgal.
Staatsbibliothek
S1, S2, S25
M29
M41
Reichpietsch-ufer
Link-str.
U2
Schöneberger Ufer
M29
M.-Bartholdy-Park
M48, M85
Potsdamer Str.
M29
Ufer
ufer
Schöneberger Str.
M29
1
2
3
4
5
6
7
8
100
S
U

Cursus quintus –

Forum Potsdamense et Forum Culturae

Vehicula publica: [S/U] Potsdamer Platz; [Bus] M48; M85; M41; 200

Historia Fori Potsdamensis

Inde a saeculo duodevicesimo urbs Berolinum crescebat et fiebat clara metropolis Europaea. Anno MDCCLXXXVI centum quinquaginta milia urbanorum numerata sunt, anno MDCCCXLV trecenta octoginta milia, anno MDCCCCV vicies centena milia. Berolinum continenter crescebat et una cum urbe commeatus vehicularius ita augebatur, ut brevi tempore Berolinum vehiculis frequentissimum fieret, praesertim cum aetas rei autocineticae esse coepisset. Paulo post facti sunt nodi viarum, ad quos pertinebant viae, quae ex diversis urbis partibus eo concurrebant. Quorum unum fuit Forum Potsdamense,

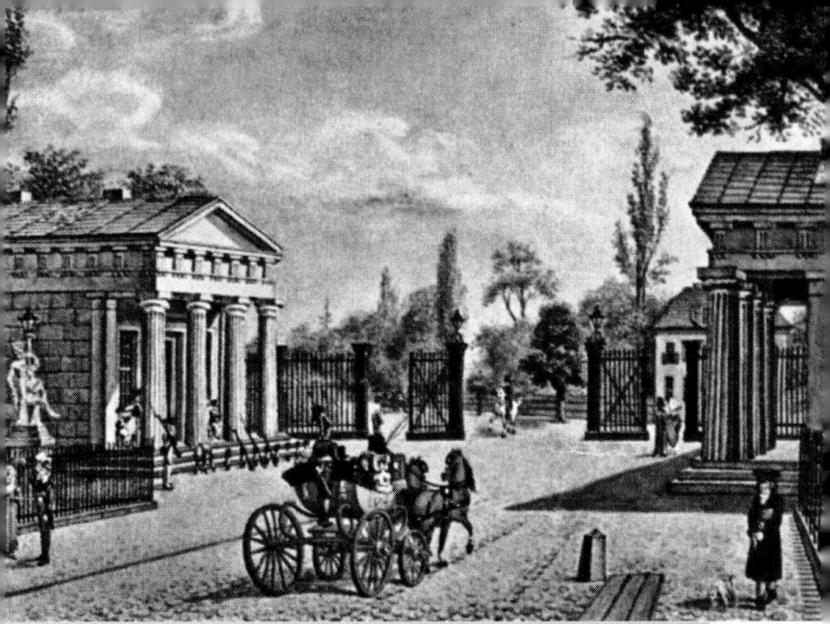

Portam Potsdamensem Berolini pinxit Fridericus Augustus Calau anno MDCCCXX circiter.

quod anno MDCCCXXXI nomen cepit a Porta Potsdamensi, quae paulo ante a Carolo Friderico Schinkel architecto commutata vel potius aedificata erat.

Foro Potsdamensi proximum etiam tunc erat Forum Lipsiense, cuius nomen repraesentat memoriam eius victoriae, quam anno MDCCCXIII foederati adepti sunt eo proelio, quod proelium populorum ad Lipsiam factum appellatur. Berolinum, cum imperio Germano anno MDCCCLXXI constituto imperatoris Germanorum sedes caputque imperii factum esset, crescere non destitit, ut clarissima atque amplissima metropolis Europaea fieri pergeret. Saeculo vicesimo ineunte commeatus vehicularius urbis contrahebatur in Forum Potsdamense, Forum Lipsiense, Forum Alexandri. Anno MDCCCC mense Octobri in Foro Potsdamensi paucis horis numerata sunt centum quadraginta sex milia ambulatorum, viginti septem milia vehiculorum. Illis temporibus Foro Potsdamensi ibant triginta quinque publicorum curruum electricorum contextus. Praeterea duo ferriviarum contextus in Forum Potsdamense concurrebant, ubi eorum statio erat. Statio autem Fori Potsdamensis prima omnium Berolini instituta erat. Anno MDCCCCII et prima ferrivia, quae binis orbitis supra terram aedificatis ibat, et ferrivia subterranea instituta est. Quae eas urbis partes, quae spectant ad orientem, iunxit eis, quae ad occidentem vergunt. Propter multitudinem hominum vehiculorumque, qui Forum Potsdamense frequentabant, brevi tempore necesse erat commeatum vehicularium dirigi ac coerceri. Qua de causa primis lucernis electricis iam anno MDCCCLXXXII institutis in Foro Potsdamensi anno MDCCCCXXIV constitutus est primus Europae semaphorus, quo in pentagono singula horologia lucernaeque ad commeatum dirigendum in omni parte affixae erant. Praeterea in illo semaphoro disponi potuit vigil, qui commeatum vehicularium turbamque ambulatorum manibus dirigeret. His temporibus semaphorus restitutus illo loco videri potest, ubi quondam constitutus est.

Ab anno MDCCCCXX circiter usque ad bellum orbis terrarum secundum omnes res in Forum

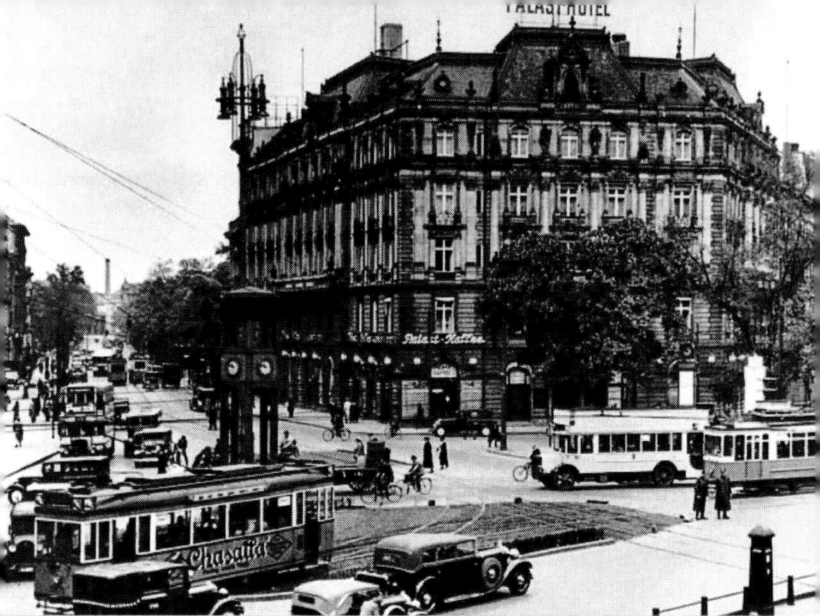

Semaphorus in Foro Potsdamensi positus anno MDCCCCXXX

Potsdamense contrahebantur; domus, quibus illae Americanae recentissimae exemplo fuerant, aedificatae sunt altissimae, quae materiis recentissimis, chalybe, opere calce structo, vitro construi potuerunt. Illis temporibus in Foro Potsdamensi erant et deversoria et institoria et varia genera tabernarum. Qui aliquantum nummorum habuit, ibi habitavit in aedibus ad marsupium plenum accomodatis. Sed, ut primum belli orbis terrarum secundi initium est factum, Forum Potsdamense florere desiit et brevi tempore nullius momenti esse coepit. Non multum afuit, quin bello mundano totum deleretur una cum proximo Foro Lipsiensi.

Berolino inter foederatos partito in eo campo, ubi paulo ante fuerat Forum Potsdamense frequentissimum, contigerunt inter se eae partes, quae in dicione ac potestate vel Regni Britanniarum vel Americae Septemtrionalis vel Unionis Sovieticae erant. Tandem illius aetatis tesserarum venditores iniqui saepissime conveniebant in eum locum, quo loco etiam utebantur vel potius abutebantur hostes, qui implacabiles inexpiabilesque se praebebant: Cum ex eis partibus, quae ad occidentem spectant, nuntii non purgati audiri poterant, tum ex eis partibus, quae vergunt ad orientem, verba factionis communisticae. Illi autem nuntii etiam in tabula ingenti litteris illuminatis inscripti legi poterant. Muro Berolinensi anno MDCCCCLXI instructo Forum Potsdamense, quod quondam fuerat hominibus vehiculisque frequentissimum, factum est regio desertissima, cum demoliri illas aedes, quae deletae adhuc in campo essent, iussi essent fabri et homines intercluderentur, ne ab altera urbis parte ad alteram ultro citroque commearent. In ea urbis parte, quae spectat ad occidentem, periegetis sedes attractiva, quae nullo loco antea visa erat, constituta est: De turri quadam, quae circumspectandi causa instituta erat, homines trans murum introspicere poterant eam urbis partem, quam milites Unionis Sovieticae tenebant. Anno ante quam murus Berolinensis dirutus est, principes Rei Publicae Democraticae Germanicae depecti sunt cum principibus Rei Publicae Foederalis Germanicae, ut quandam Fori Potsdamensis partem inter se commutarent. Itaque pars Trianguli Lenné redacta

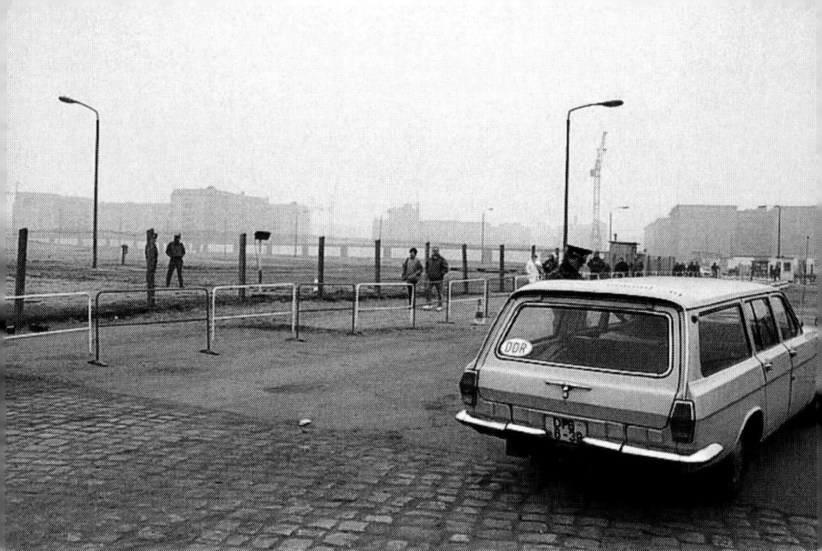

Forum Potsdamense anno MDCCCCLXXXIX mense Novembri

est in dicionem potestatemque senatus Berolinensis ad occidentem spectantis. Quam occupaverunt ad ducentos cives, qui complures casulas vel mapalia aedificarent. Sed anno MDCCCCLXXXVIII mense Iulio casulae hominibus ex viculo expulsis deletae sunt. Anno MDCCCCLXXXIX medio mense Novembri paulo post quam pronuntiatum est homines ex altera Germaniae parte in alteram nullo prohibente transire posse, milites Rei Publicae Democraticae Germanicae murum in Foro Potsdamensi situm diruere coeperunt, ut hominibus esset aditus, quo commeare possent.

Aliquanto post quam dirutus est murus Berolinensis, cuius situs etiam nunc cerni potest duabus muri partibus servatis, quarum altera alteri linea in solo incisa coniuncta est, Forum Potsdamense in antiquum

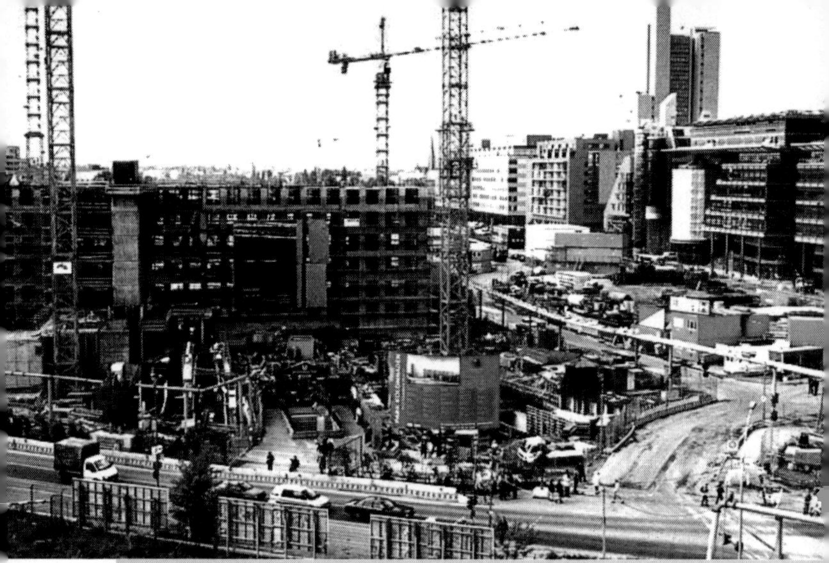
Forum Potsdamense anno MMI

statum restitui coeptum est. Quae tum appellabatur Daimler Benz AG vel potius pars eius, id est debis, et Sony, duae societates multinationales, cum campum emissent et cum senatu Berolinensi de aedificiis exstruendis egissent, initium aedificandi fecerunt. Consequentibus annis Forum Potsdamense rursus erat locus, ubi fiebant res notabiles atque admirabiles: fiebat et maxima Europae opificii sedes et maximum spectaculum, quod facete dictum efficiebat „maxima opificii sedes est maxima opificii species".

Periegetae urbanique praesentes cernere poterant, quo modo aedificia exstruerentur, sive fenestris in saepto factis sive in casula, quae docendi causa instituta erat, in qua et Fori Potsdamensis historia et consilia architectorum exposita erant: David Chipperfield,

Rentius Piano, Helimutus Jahn architecti clarissimi proposuerunt, qualia aedificia essent exstruenda, cum non numquam secuti essent auctoritatem architectorum, qui domus Fori Potsdamensis veteris aedificavissent. Anno MDCCCCXCIV aedificandi initium, anno MMIV finem fecerunt, quo anno ultimum aedificium Centrum Beisheim apertum est. Ex eo tempore Forum Potsdamense, ut erat ante bellum orbis terrarum secundum, rursus est locus Berolini frequentissimus, quem in locum omnis generis viae concurrunt et homines, qui delectantur plurimis cauponis, potoriis tabernis, institoriis, deversoriis.

1 – Centrum Beisheim

Inscriptio cursualis: Ebertstraße 2, 10785 Berlin
Pagina domestica: www.beisheim-center.de

Ultimum in Foro Potsdamensi aedificium anno MMIV mense Ianuario apertum est Centrum Beisheim, quod nomen traxit ab Ottone Beisheim, qui magnarius negotiator habet multa et magna institoria, quae singula „Metro“ appellantur, et centri aedificandi causa pecuniam praebuit. Hoc in aedificio, cui prima caeliscalpia in America septemtrionali exstructa exemplo fuerant, cum multa alia tum Academia Oeconomiae Germanica collocata est. Praeterea congruit cum ceteris aedificiis in Foro Potsdamensi exstructis, quae non solum officiorum sedes, sed etiam institoria habitationesque aedificari architecti voluerunt.

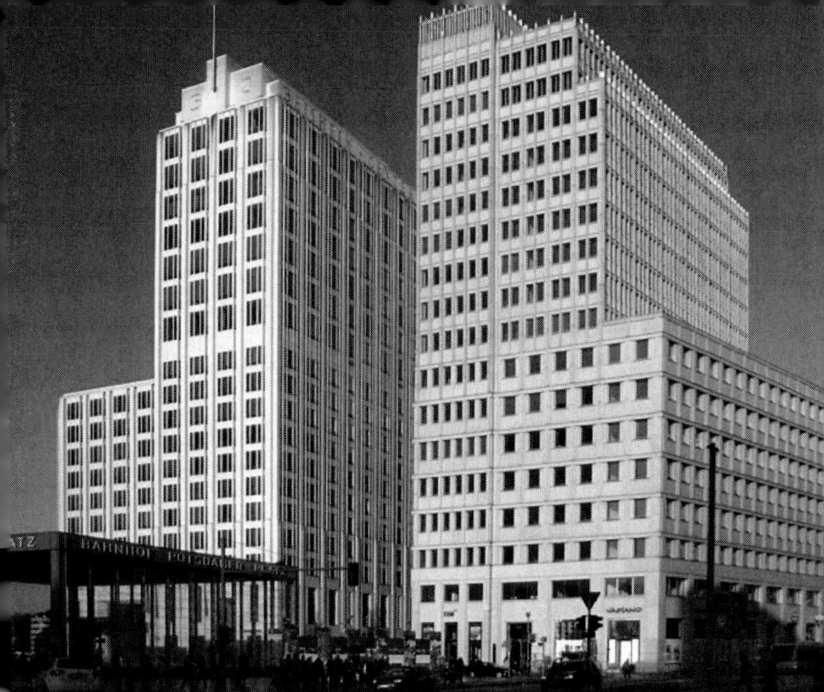

Centrum Beisheim anno MMIX

Centrum Beisheim situm est in ea Fori Potsdamensis parte, quae extrema ad aquilonem conversa est; summa aedificiorum nexu coniunctorum, qua continentur etiam horti, qui „Henriette-Herz-Park“ appellantur, pars est Trianguli Lenné. Centro Beisheim proximae sunt clarissimae aedes vel rei publicae administrandae vel Musarum colendarum causa aedificatae, ut Vicus Legationum, Vicus Magistratuum, Hortus Bestiarum, Aula Philharmonica, Forum Culturae, Pinacotheca Publica Nova. Summa aedificiorum nexu coniunctorum continentur duo hospitia quinque stellarum, quorum alterum ab architectorum societate nomine Hilmer & Sattler et Albrecht extructum appellatur „The Ritz-Carlton, Berlin“, alterum „Marriot Berlin“, quod est aedificatum a Bernardo Albers architecto Germano. Per latus hospitii nomine „Marriot Berlin“ Centrum Beisheim eum tangit locum, ubi murus ille Berolinensis quondam erat instructus, cuius situs nostra aetate cerni potest lapidibus straturae aptis in solo infossis.

In utroque deversorio magnificentissimo et eis, qui in ea domo deversantur, et eis, qui loci visendi causa veniunt, elegantissime ministratur: Omnibus hominibus, qui tempore postmeridiano in amoeno et iucundo loco theanam potionem sumere volunt, frequentare licet, ut exemplum afferamus, triclinium, quod est in deversorio, quod appellatur „The Ritz-Carlton“. Nullo alio loco in Germania inveniri potest, quod ministri huius deversorii praestant eis, qui conducunt habitationes in Centro Beisheim collocatas: His, si poscunt, ministrant viginti quattuor horas, id est dies noctesque. Habitationes autem partim supra deversorium, quod „The Ritz-Carlton“ appellatur, partim contra Viam Bellevue sitae sunt. Illae habitationes appellantur „Tower Apartments“, hae „Parkside Apartments“, quia ad Hortum Bestiarum spectant. Collocatae sunt in „Tower Apartments“ quattuordecim habitationes triaque institoria ab architectorum societate nomine Hilmer & Sattler et Albrecht aedificata. „Parkside Apartments“, quae a Davide Chipperfield architecto Britanno sunt aedificatae, continent triginta sex habitationes, quattuor institoria. Centro Beisheim praeterea continetur domus, quae appellatur „Libertas Berolinensis“, quae nomen cepit ab ea via, in qua exstructa est. Haec via it eo loco, ubi quondam erat regio prope murum vetita.

Lumen praeterea et architecturae et fabricae est illud aedificium ab architectorum Germanorum societate nomine Modersohn & Freiesleben exstructum, quod positum est in Via Ebertina. Cuius aedificii frons viridis lapide Helvetico exstructa floribus herbisque ornata est. Hic lapis, qui „Vert de Salvan“ appellatur, similis graniti est materia naturalis. In interiore aedium parte, quae patet tria milia metrorum in quadratum, collocatae sunt et officiorum sedes magno apparatu ornatae et duo institoria plano pede posita.

2 – Turris Ferriviae Germanicae

Inscriptio cursualis: Potsdamer Platz 2, 10785 Berlin

Illae aedes, quae appellantur „Bahn Tower“, sedes Ferriviae Germanicae consociationis anonymae Berolini sunt. Multa et varia consilia, ut in aedificium altissimum, quod prope stationem ferriviae paulo ante exstructam positum esset, mutarent sedes, omiserunt principes Ferriviae Germanicae s.a., qui officiorum sedes sitas in illa vitreae frontis turri in Foro Potsdamensi collocata conducere pergerent. Illius turris formam figuramque excogitavit Helimutus Jahn architectus, qui natus in Germania artem multos iam annos in America septemtrionali habitans factitat. Quam turrim duobus annis fabri perfecerunt ineunte millennio.

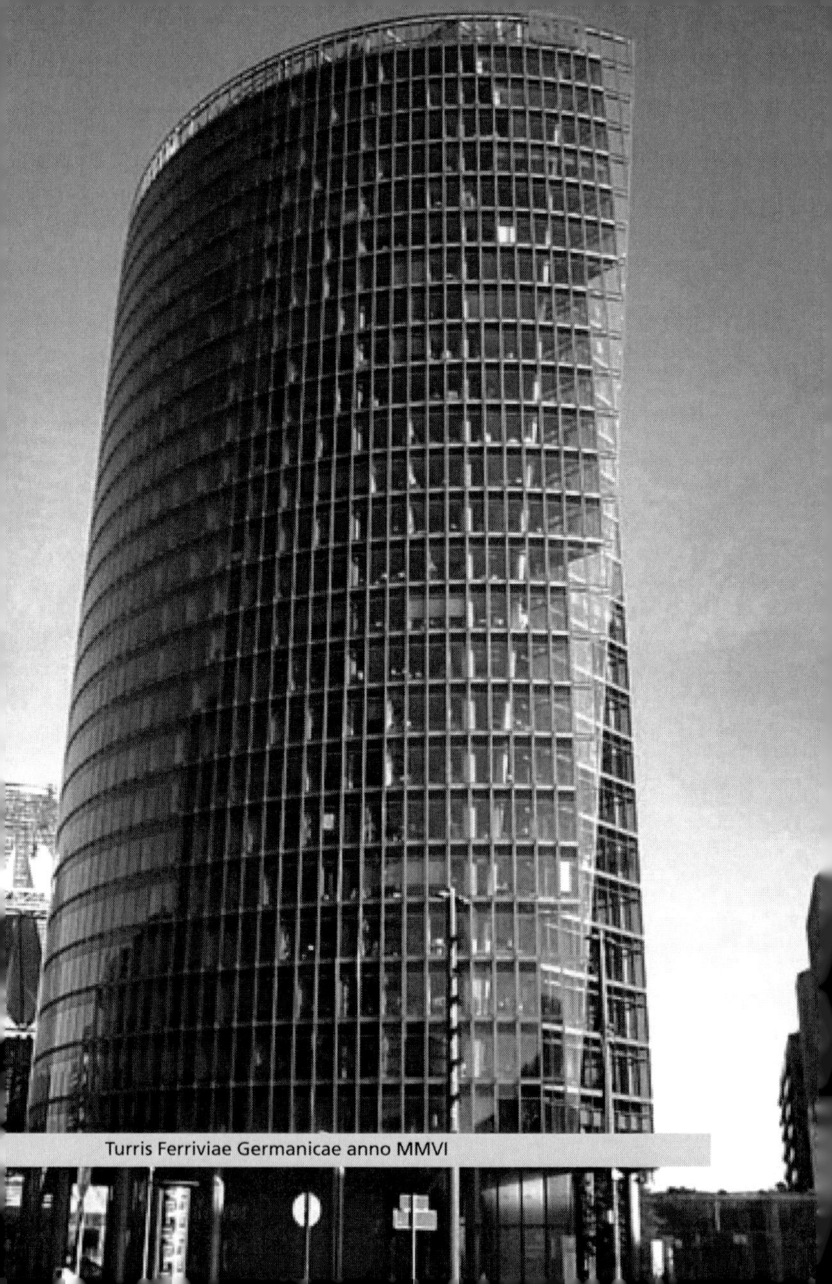

Turris Ferriviae Germanicae anno MMVI

Hae aedes viginti sex tabulatorum, quae in altitudinem tria et centum metra effectae una cum aedificio, quod „Kollhoff Tower“ appellatur, in Foro Potsdamensi sunt altissimae, finem Centri Sony terminant ab orientis solis partibus. Excellent vitrea fronte, quae in dimidiam fere circuli formam effecta in ea parte aedium posita est, quae ad meridiem vergit. Haec autem frons annis MMVII et MMVIII magnam difficultatem artis afferebat, ut eam refici necesse esset.

3 – Centrum Sony

Pagina domestica: www.sonycenter.de

Museum Artis Cinematographicae
Inscriptio cursualis: Potsdamer Straße 2, 10785 Berlin
Museum patet ab diebus Martis usque ad dies Dominicas horis X-XVIII, diebus Iovis horis X-XX.
Pagina domestica: www.filmmuseum-berlin.de

Academia Artis Cinematographicae Televisionisque Germanica
Inscriptio cursualis: Potsdamer Straße 2, 10785 Berlin
Pagina domestica: www.dffb.de

Cinematographeum, quod „Arsenal„ appellatur
Inscriptio cursualis: Potsdamer Straße 2, 10785 Berlin
Pagina domestica: www.arsenal-berlin.de

Legoland Discovery Centre
Inscriptio cursualis: Potsdamer Straße 4, 10785 Berlin
Cotidie patet horis X-XIX.
www.legolanddiscoverycentre.com

Centrum Sony nomen cepit a fabricatore machinarum electronicarum nomine Sony, qui praebuit pecuniam ad centrum aedificandum necessariam. Cuius aedificii formam figuramque excogitaverunt architecti societatis, quae appellatur „Murphy Jahn Architects", in qua architecti Germani cum architectis Americanis operam sociant. Anno MDCCCCXCVI a.d. V. Idus Octobres initium aedificandi est factum ritu symbolico primi lapidis deponendi, cui viri clarissimi et Germani et Iaponi interfuerunt. Quadriennio post Centrum Sony apertum est. Celebrandi causa invitati erant duo milia quingenti homines, vel mercatores vel artifices vel qui in re publica versabantur. Centrum Sony est summa aedificiorum nexu coniunctorum, qua continentur complures officiorum sedes, institoria, tabernae variarum coquinariarum artium. Praeterea in Centro Sony sita sunt et complura cinematographea et Museum Pellicularum Cinematographicarum et Academia Artis Cinematographicae Televisionisque Germanica. Haec permixtio cum consilio senatus Berolinensis congruit. Nam varii generis aedificia cum in Foro Potsdamensi tum in Centro Sony exstrui senatus voluit. Sed lumen Centri Sony, quod omnium oculos in se convertere solet, est eius tectum, quod declive procul videri potest tentum supra atrium, quod „forum" appellatur. Hoc tectum sexaginta septem metrorum in altitudinem coniunctum est septem aedibus eo loco exstructis, ut in summa sit in longitudinem centum duo metrorum, in latitudinem septuaginta septem.

Tectum constructum chalybe vitroque, quod non nisi summo labore deleri potest, levissimum esse videtur. Supra hoc tectum tenta sunt textilia, quae, cum addita sit materia nomine Teflon, se ipsa purgant. Haec clarissima ac magnificentissima constructio porro excellit luminibus, quae composita sunt a Yann Kersalé

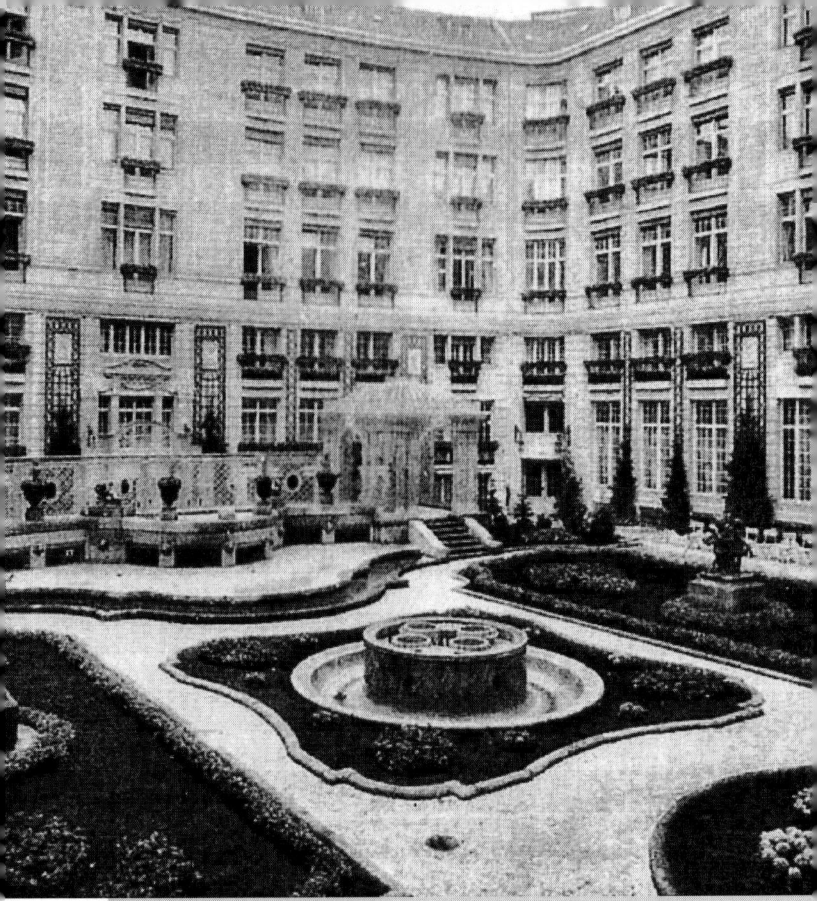

Deversorium, quod „Grand Hotel Esplanade" appellabatur, a Guilelmo Wendt architecto aedificatum vicesimo saeculo ineunte

artifice, qui Lutetiam incolit. Viginti circiter secundis color illorum luminum commutatur a candido vel viridi usque ad violam. Qua commutatione coloris Kersalé lucem et solis et lunae imitari in animo habuit.

Eo loco, quo his temporibus situm est Centrum Sony, quondam erat deversorium illud clarissimum, quod „Grand Hotel Esplanade“ appellabatur, quod anno circiter MDCCCCVIII aedificatum erat.

Hoc in deversorio ante bellum orbis terrarum secundum deversabantur homines praeclari, ut Carolus Chaplin histrio. Quod in deversorium bello orbis terrarum secundo coniurati saepe convenerant, priusquam anno MDCCCCXLIV a.d. XIII. Kalendas Augustas Adolphum Hitler interficere conati sunt. Deversorium in bello vehementer afflictum totum fere deletum est. Sed Aula Imperatoris, quae temporibus imperatoris Guilelmi II. ornata erat, nullum fere incommodum accepit. Bello confecto in eis partibus, quae deversorii supererant, varii generis spectacula praebebantur: Locus deligebatur aut tabernae aut saltationibus aut impressionibus pelliculae cinematographicae, dum ab anno MDCCCCLXXX finis spectacula praebendi factus est, quia domum introire homines non iam nisi magno cum periculo poterant. Muro Berolinensi diruto, quae partes deversorii supererant, monumentum factae sunt, cuius ratio habenda erat, cum nova aedificia eo loco exstruerentur. Ei, qui diiudicaverunt, quae aedes in Foro Potsdamensi exstruendae essent, statuerunt, ut Aula Imperatoris, quam incolumem adhuc esse supra demonstravimus, in alium locum transferretur, quia impediret, ne Via Potsdamensis latior fieret neve Centrum Sony aedificaretur. Quod arte mirum in modum effici potuit, id permulti homines spectare et visere praesentes voluerunt: Anno MDCCCCXCVI Aula Imperatoris ponderis milium fere trecentarum tonnarum ad septuaginta quinque metra maximis pulvinis ac culcitis aëre inflatis translata est in eum locum, ubi nostra aetate sita est. His temporibus Aula Imperatoris est taberna magnificentissima.

Ut memoria deversorii retineretur, in ea domus parte, quae refecta erat, collocata est, quae „Esplanade Residence“ appellatur. Qua in domo sitae sunt centum triginta quattuor habitationes magno apparatu ornatae, quae emi possunt. Habitationes, quas conducere possunt, qui nummorum aliquid habent, ab Helimuto Jahn architecto exstructae, quae appellantur „Forum Apartments“, in illa domo etiam collocatae sunt. Non solum Aula Imperatoris, sed etiam taberna cafaearia, quae appellatur „Josty“, quae his temporibus in Centro Sony sita est, multis annis ante in Foro Potsdamensi instituta erat: In veterem tabernam cafaeariam anno MDCCCLXXX institutam artifices, qui Berolinum, metropolem illam florentem, incolebant, convenire solebant; inter quos erant Theodorus Fontane scriptor, Adolphus Menzel Georgius Grosz pictores.

Gunterius de Bruyn scriptor, quomodo tempus in taberna consumeretur, descripsit his verbis:

„Im biedermeierlichen Berlin hatte der Konditor Fuchs etwa einhundert Konkurrenten, … eine, die berühmteste, namens „Josty“ … Alle verkauften Backwaren, Eis, Marzipan und kandierte Früchte …, hatten einen Ausschank für Kaffee, Tee und Schokolade und hielten sich teilweise Lesekabinette mit vielen, auch auswärtigen Zeitungen, durch die sie im Vormärz dann auch politisch

bedeutsam wurden. Denn viele an Politik Interessierte, die nach unzensierten Nachrichten suchten, trafen sich hier.“ (de Bruyn, p. 126)

Quod Latine redditum:

„Berolini aetate Biedermeier cuppedinarius ille, cui nomen erat Fuchs, ad centum adversarios habuit, quorum una erat clarissima taberna illa cafaearia nomine „Josty“ … In omnibus huius generis tabernis venibant panificia, gelidae sorbitiones, marcius panis fructusque in saccharo elixi, … sumi poterant potiones vel cafeaeriae vel theanae vel socolatae. Praeterea in nonnullis tabernis sita erant cubicula legendi causa instituta, in quibus multa diaria, inter quae erant etiam diaria exterarum gentium, praebebantur. Aetate, quae „Vormärz“ appellatur, tabernae illae propter haec cubicula in re publica multum valere coeperunt. Nam multi, qui curas cogitationesque in rem publicam conferebant, qui nuntios non purgatos legere volebant, huc conveniebant.“

Nostra aetate in Centro Sony inveniri possunt tabernae variarum coquinariarum artium: Quis est, qui coquinaria arte aut Bavariorum aut Australianorum aut Gallorum aut Iaponorum non delectetur? Praeterea in Centro Sony situm est Museum Artis Cinematographicae anno MM apertum, quod „Deutsche Kinemathek“ vocatur. Cui museo sex annis postquam institutum est, ea pars, quae est de televisione, addita est. Hoc in museo et res exponuntur, quae ad historiam artis cinematographicae televisionisque pertinent, et bibliotheca sita est, ubi libri de hac arte conscripti colliguntur. Nonnumquam accidit, ut quaedam exhibitiones colloquiaque fiant et taeniae cinematographicae exhibeantur. Academia Artis Cinematographicae Televisionisque Germanica etiam collocata est in Centro Sony. Inde ab anno MDCCCCXCVI studiosi vel ad spectacula regenda vel ad cinematographicam machinam utendam vel ad scaenicam actionem aptandam vel ad pelliculas conficiendas instituuntur atque instruuntur. Locus, qui aliquid momenti habet omnibus, qui pelliculis delectantur, est cinematographeum, quod „Arsenal“ appellatur. Ibi non solum taeniae ab artificibus variarum gentium confectae in singulos annos ad constitutas dies exhibentur, sed etiam locus datur et praeteritorum artis operum recensionibus et seminariis et symposiis. Hoc cinematographeum homines imprimis eo tempore frequentant, cum taeniae exhibentur spectaculi cinematographici dispositoribus histrionibusque praesentibus. Locus in Centro Sony situs, qui cum multis tum est parentibus liberisque voluptati, est, qui „Legoland Discovery Centre“ vel „Legoland“ appellatur. Quo in loco ea, quae a fabricatore oblectamentorum illo praeclaro conficiuntur, visendi ac ludendi causa exponuntur. Ab anno MMVII mense Martio homines, qui in eum locum conveniunt, vel ea, quae lapillis ab illo fabricatore confectis exstructa sunt, admirantes suspicere vel ipsi quaecumque volunt lapillis efficere possunt. Huius exhibitionis lumen certe est imago illa urbis Berolini, quae a minutorum speciminum effectoribus plus quam decies centenis milibus lapillorum exstructa est.

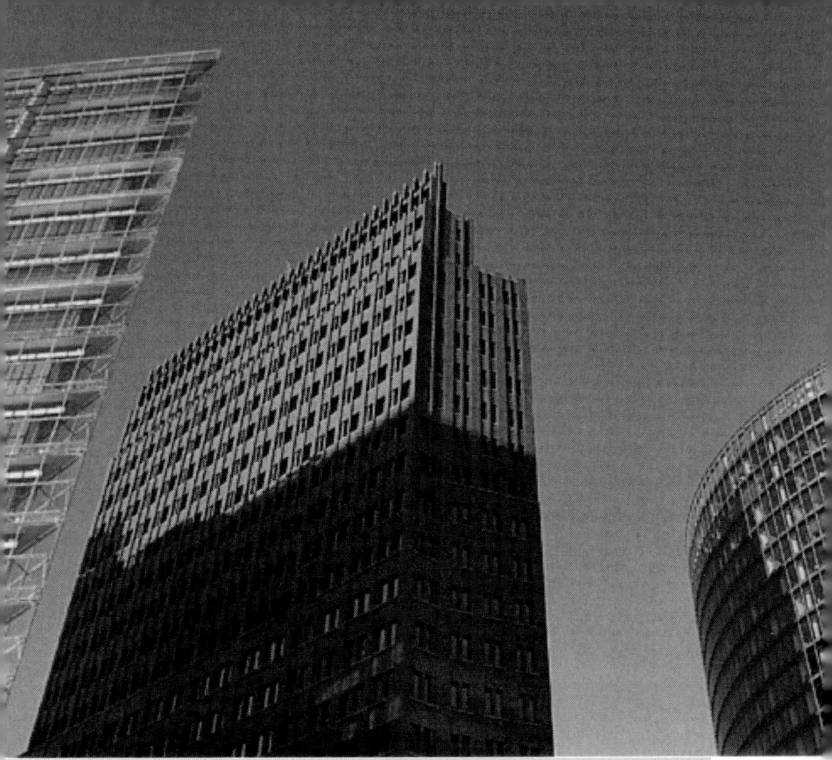

Turris Kollhoff frontis latericiae anno MMVI

4 – Turris Kollhoff

Inscriptio cursualis: Potsdamer Platz 1, 10785 Berlin
Cotidie patet horis X-XX.
Pagina domestica: www.panoramapunkt.de

Domus altissima frontis latericiae, quae duabus, quas inter domos exstructa est, excellit, est Turris Kollhoff ab anno MDCCCCXCV usque ad annum MDCCCCXCIX excita.

Binis illis domibus, si inter se coniunctas consideramus, efficitur porta, qua aream Fori Potsdamensis introeamus. Turris Kollhoff nomen cepit ab Ioanne Kollhoff architecto Germano, qui inter eos architectos erat, quibus Rentius Piano praefectus erat. Architecti illius societatis formam figuramque undeviginti aedificiorum, quae in Foro Potsdamensi exstructa sunt, excogitaverunt. Turris quinque et viginti tabulatorum, quae in scalarum speciem instructa sunt, in altitudinem est centum tria metrorum. In tectis inferiorum ac latiorum aedificii partium variae herbae satae sunt. Hoc aedificium, quod Turris Kollhoff appellatur, dignissimum est, quod eis commendetur, qui urbis visendae causa veniant: Anabathro, quo nullum celerius in Europa inveniri potest, per viginti secunda in vicesimum quartum tabulatum perveniunt, ex quo prospectus ad urbem pulcherrimus praebetur. Qui altius ascendere volunt, ei scalis in vicesimum quintum, quod est ultimum aedificii tabulatum, perveniunt. Ibi et vitreae frontis taberna cafaearia nomine „Panorama Café“ collocata est et solarium, de quo urbem despiciunt et oculis collustrant per telescopia, quae parvo conduxerunt. Ab anno MMX exhibitio, quae „Prospectus Berolinenses ad Forum Potsdamense“ inscribitur, in Turri Kollhoff collocata est. Qua exhibitione, quae in duo tabulata patet, ostenditur, quomodo Forum Potsdamense ex eo tempore, quo munitum esset, usque ad nostram memoriam commutatum sit.

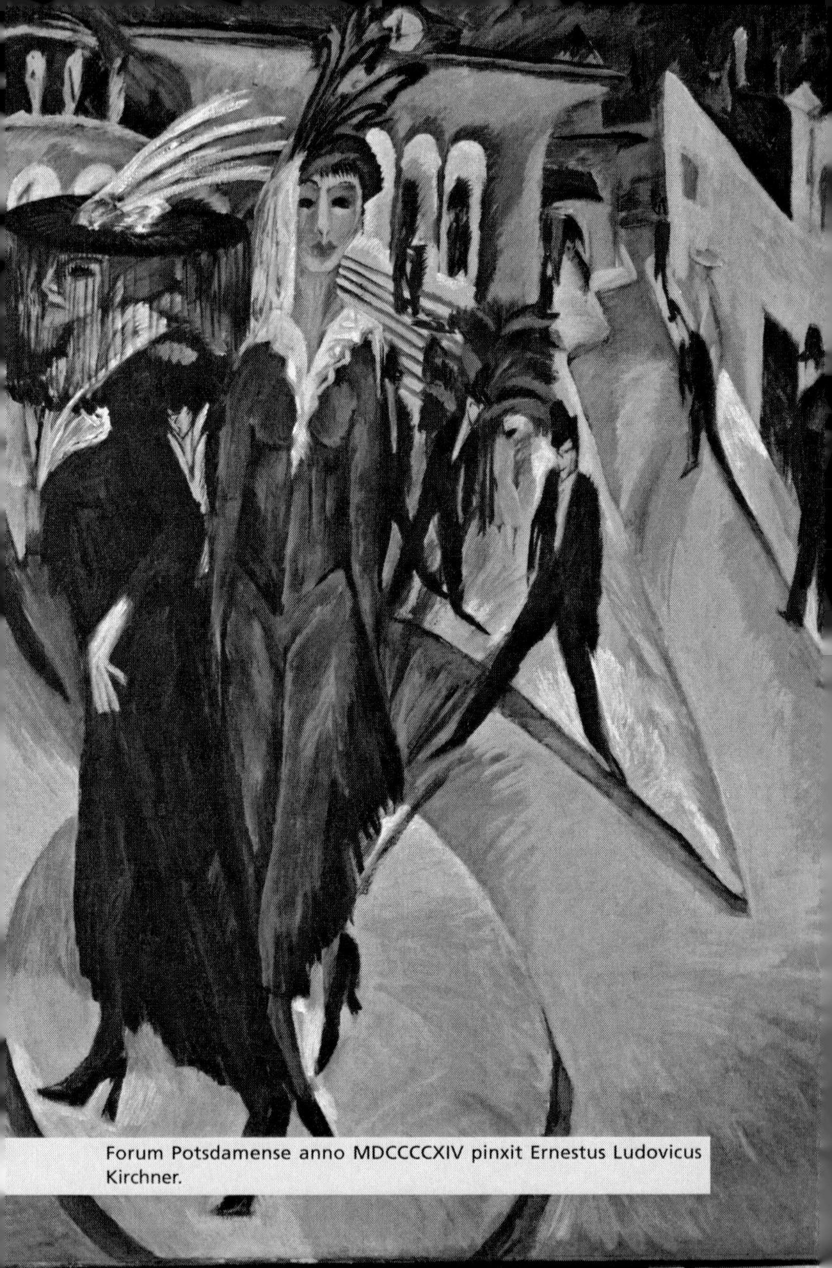

Forum Potsdamense anno MDCCCCXIV pinxit Ernestus Ludovicus Kirchner.

5 – Vetus Via Potsdamensis

Saeculo duodevicesimo exeunte Via Potsdamensis prima omnium viarum in Prussia arte munitarum a Carolo Godehardo Langhans architecto patefacta ac munita est. Illis temporibus hac via, quae pars erat Viae Imperii primae, Berolino ibatur Potestampium. Saeculo iam undevicesimo hac in via permulti artifices habitabant: Iosephus de Eichendorff, Theodorus Fontane scriptores, Adolphus Menzel pictor sua domicilia hac in via habebant. Saeculo vicesimo ineunte non solum tabernae nocturnae haud bonae existimationis, sed etiam exhibitio, quae anno MDCCCCXII instituta inscribatur „Tempestas", in Via Potsdamensi collocata erat. Duobus annis antequam haec exhibitio instituta est, societas editoria eodem nomine facta erat. In commentariis periodicis, qui ab illa societate edebantur, artifices clarissimi, ut Anscharius Kokoschka, Franciscus Marc, Basilius Kandinski pictores, Alfredus Doeblin scriptor, quid de arte sentirent, in lucem proferebant.

Cum ab anno MDCCCCLXI aditus ad eam viae partem, quae vergebat ad septemtriones, muro Berolinensi intercluderetur, via nova eodem nomine munita est, quae ducebatur inter occasum solis et septemtriones. In eo campo, qui via translata vacuus reddebatur, Ioannes Scharoun architectus ab anno MDCCCCLXVII usque ad annum MDCCCCLXXVIII Bibliothecam Rei Publicae aedificavit. Reliqua autem pars Viae Potsdamensis facta est via interclusa. Muro Berolinensi diruto consilio Fori Potsdamensis coaedificandi capto ea via, quae antiquitus eo loco ibat, nominata est Vetus Via Potsdamensis. Quae via his temporibus a Foro Potsdamensi ad Forum Mariae Magdalenae Dietrich pertinet.

Domus vel Oenopolium Huth

Inscriptio cursualis: Alte Potsdamer Str. 5, 10785 Berlin

Sola omnium domorum, quae in Foro Potsdamensi sitae erant, Domus Huth bello orbis terrarum secundo deleta non est. Domus Huth vel Oenopolium Huth in Vetere Via Potsdamensi V situm nostra memoria est veterrimum omnium aedificiorum in Foro Potsdamensi exstructorum; anno MDCCCCXII a Conrado Heidenreich Paulo Michel architectis aedificatum est chalybe fulciente, quod erat ratio aedificandi atque ars recentissima. Supra tabernam atque institorium plano pede collocatum nonnulla cubicula ad spectacula praebenda idonea sita erant; ea autem cubicula, quae in superioribus tabulatis collocata erant, conduci poterant. Institorium vetus, quod anno MDCCCLXXI a Friderico Carolo Christiano Huth institutum erat, alia in domo in Via Potsdamensi exstructa situm erat. Guilelmus Huth conditoris nepos domum veterem dirui et illam novam, quae his temporibus videri potest, aedificari iussit. Bello mundano secundo nil nisi pars tecti deleta est, ut in domo habitare homines non desisterent. Bello confecto Guilelmus Huth una cum Dorothea uxore hac in domo et carnes oleraque varia

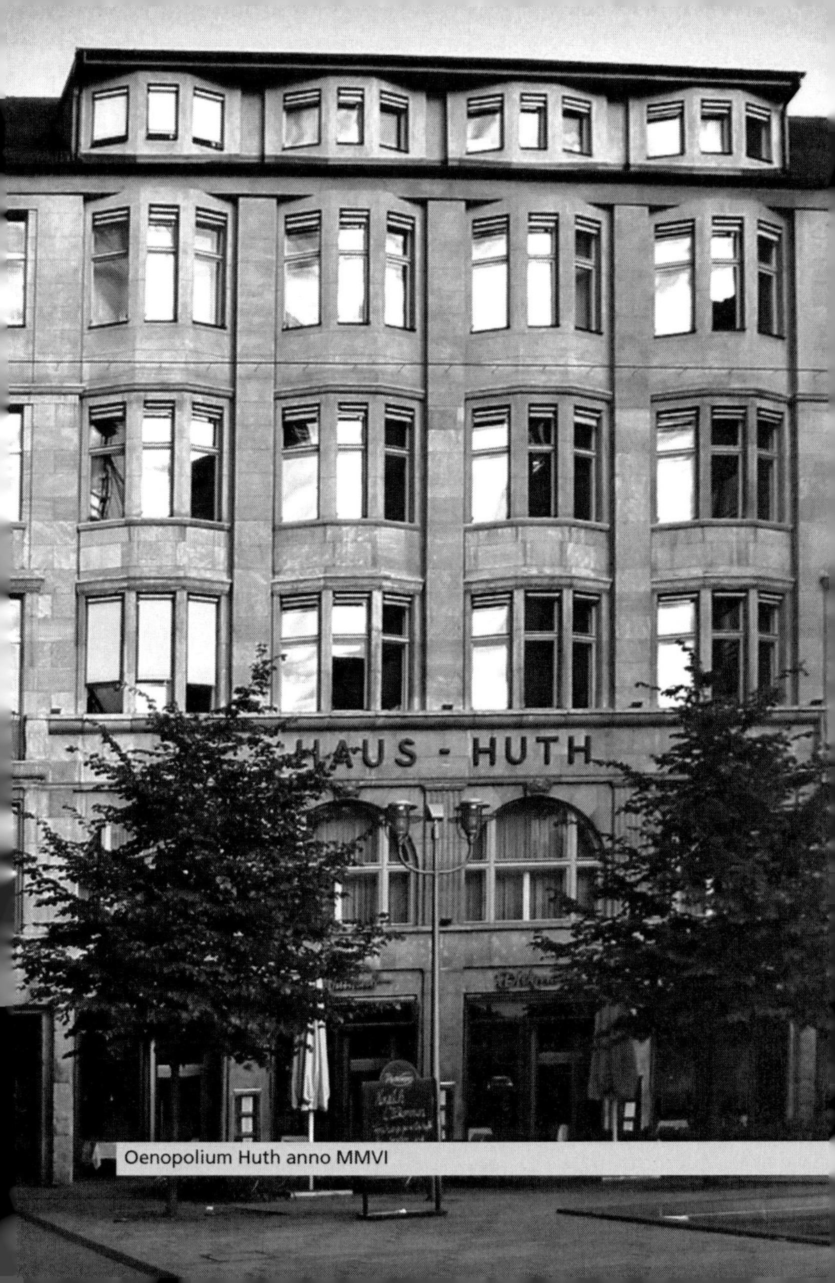

Oenopolium Huth anno MMVI

vendebat et nonnulla tabulata locabat angustiis pressus. Sed anno MDCCCCLXI Oenopolium Huth, quod imprimis saeculo vicesimo ineunte frequentissimum fuerat, Muro Berolinensi instructo clausum est. Anno MDCCCCLXVII Guilelmus Huth caupo mortuus est atque postero anno vidua domum senatui Berolinensi vendidit. Urbe inter foederatos partita eo loco, quo fines partium, quae foederatis distributae erant, inter se contingebant, nulla aedificia erant praeter Domum Huth. Quae anno MDCCCCLXXXII restituta est, cum fulcimenta interiora e chalybe facta et scalae marmoreae et frons e concharum calce facta, quae ex oppido Kirchheim apud Rhenum inferiorem sito apportata esset, et cubiculum in primo tabulato collocatum, in quo insignia quaedam exponerentur, monumenta fierent. Domus Huth anno MDCCCCXC societati Daimler Benz veniit, cuius architecti, cum cogitarent, quae aedificia in illa parte Fori Potsdamensis exstruenda essent, eam domum conservare volebant. Nostra aetate in Domo Huth, cuius tergum ad Forum Fontane spectat, rursus taberna oenopoliumque collocatum est.

6 – Aedes Daimler Chrysler

Aedes, quae appellantur „Quartier Daimler Chrysler", maiores ac latiores sunt ceteris in Foro Potsdamensi exstructis. Quae aedes ab anno MDCCCCXCIV usque ad annum MDCCCCXCVIII effectae non aliter ac Centrum Sony nomen traxerunt ab eo, qui pecuniam

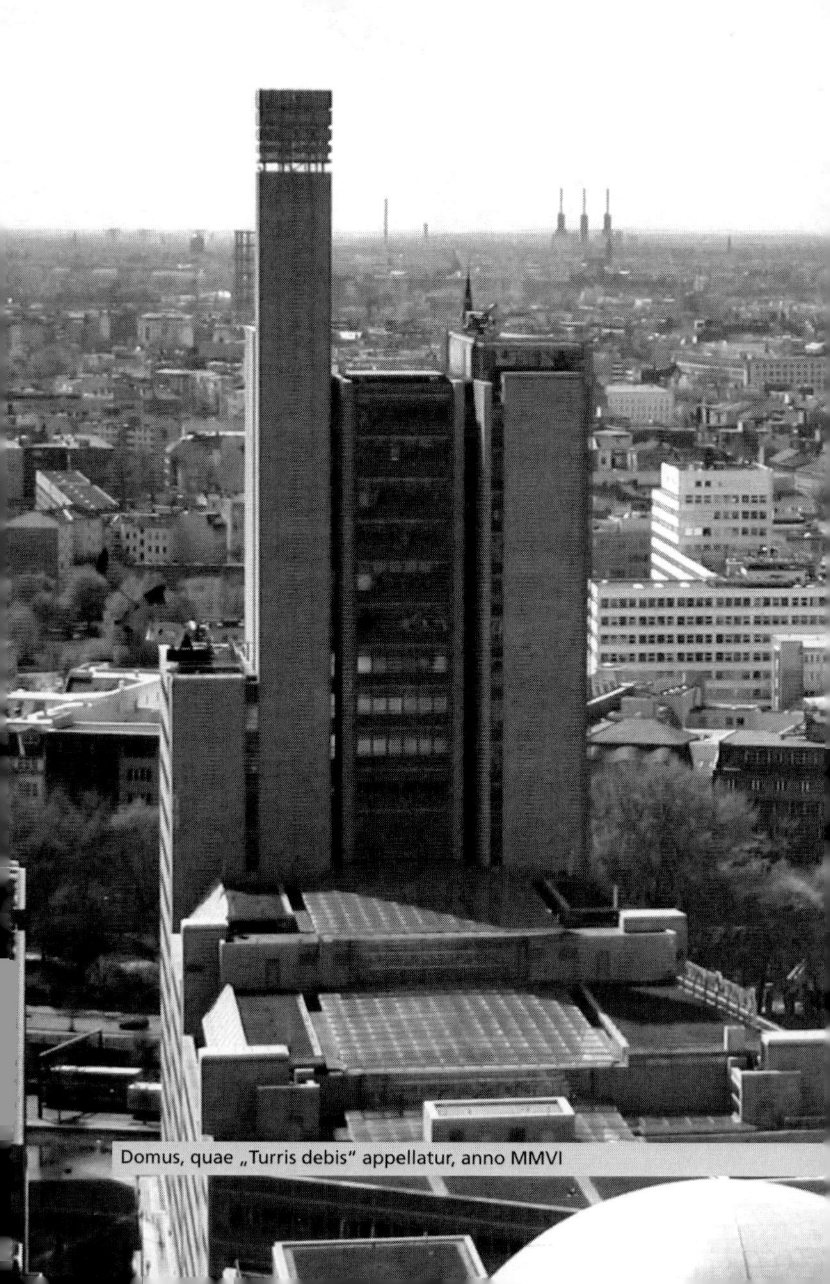

Domus, quae „Turris debis“ appellatur, anno MMVI

aedificandi causa praebuit, id est ab autocinetorum fabricatore illo clarissimo. In certamine architectorum, quod societas anno MDCCCCXCII posuerat, Rentius Piano Italus palmam accepit. Piano, qui in magno nomine et gloria est aedificiis exstructis et in portu Genuensi et in statione aeronautica Osacana et in ea summa aedificiorum nexu coniunctorum, quae Lutetiae instructa appellatur „Centrum Pompidou“, in animo habuit locum in media urbe efficere, quem in locum homines convenirent, quem Itali „Piazza“ vocare solent. Quid fieri vellet, Piano his verbis ostendit:

„Unser Ziel war es von Anfang an, diesen neuen Teil der Stadt mit Freude und Leben zu erfüllen. Berlin kann grau und streng sein. Wir haben versucht, uns die fröhliche und lebendige Seite der Stadt zunutze zu machen.“ (Falanga, p. 209)

Quod Latine redditum:

„Ab initio propositum erat nobis eam urbis partem novam laetitiae ac gaudii et vitae plenam reddere. Berolinum esse potest triste, severum. Conati sumus exemplum urbanorum hilari ac laeto animo sequi.“

Itaque varii generis aedificia, quibus finis loci ab omnibus partibus, sed nullo ordine terminaretur, in campo illo latissimo exstrui Piano voluit. Hic locus vel potius haec „Piazza„ est Forum Mariae Magdalenae Dietrich, quod cinematographeis, ut „Cinemaxx“, institoriis, ut „Potsdamer Platz Arkaden“, officiorum sedibus, ut „Kollhoff Tower“, tabernisque, ut vetus „Weinhaus Huth“, continetur.

Domus autem intra Aedes Daimler Chrysler effecta, quae ceteris antecellit, certe est turris in Via Eichhornensi sita, quae „Turris debis“ appellatur. Haec turris viginti duorum tabulatorum est in altitudinem octoginta quinque metrorum. Quae excita est officiorum sedium caput societatis nomine „debis“, quae quondam societati Daimler coniuncta erat.

Summo in aedificio colore fictili collocatus est cubus viridis, qui omnium oculos in se convertens procul videri potest. In interiore aedificii parte atrium latum patet.

7 – Forum Mariae Magdalenae Dietrich

Mediis in aedibus Daimler Chrysler situm est Forum Mariae Magdalenae Dietrich, quod nomen invenit ab artifice scaenica Germana illa clarissima, quae decem annis postquam mortua est civitate honoris causa donata est anno MMII. Hoc in foro inveniuntur, quae multa urbanis periegetisque delectationi sint: Hic quattuor tabulatorum Domus Aleatoria Berolinensis collocata est, cum anno MDCCCCXCVIII ex Centro Europaeo in Via Tauentzienensi sito in Forum Potsdamense sedem mutavisset.

Praeterea anno MDCCCCXCIX theatrum apertum est, quod phantastica poemata musica praeberet. Nostra aetate multa alia spectacula in hoc theatro dantur, quod milium octingentarum sedium inter maxima

Domus Berlinale anno MMVIII

theatra in Europa instructa refertur. Inde ab anno MM imprimis hoc in theatro annua spectaculorum cinematographicorum editione internationali, quae vocatur „Berlinale", taeniae cinematographicae exhibentur. Qua de causa illi theatro, ubi in singulos annos et prima taenia cinematographica exhibetur et palma defertur, nomen est „Domus Berlinale".

Luce qui forum frequentant, in compluribus potoriis tabernis cauponisque considunt; noctambuli autem in tabernam nocturnam nomine „Adagio" conveniunt. In Foro Mariae Magdalenae Dietrich praeterea collocatum est magnificentissimum quinque stellarum deversorium, quod „Grand Hyatt Berlin" appellatur. Quo in deversorio Iosephus Raphaelis Moneo architectus Hispanus artem modernam cum apparatu interiorum partium polito coniunxit. Consuetudo est hoc in deversorio annua spectaculorum cinematographicorum editione internationali conventus diurnariis edocendis agi, ut, qui pelliculis cinematographicis delectetur, vel in histriones vel in spectaculi cinematographici dispositores incidat.

8 – Forum Culturae

Vehicula publica: [Bus] M48, M85; [S/U] Potsdamer Platz
Pagina domestica: www.kulturforum-berlin.com

A latere Fori Potsdamensis, quod ad occidentem spectat, interque Hortum Bestiarum et canalem, qui Landwehrkanal appellatur, vergit Forum Culturae. Haec area, quae extra murum veterem urbis Berolini sita erat, saeculo undevicesimo nomen Suburbii Friderici accepit et ab aliquot civibus illustribus divitibusque domibus praeclarissimis ornata est. Saeculo vicesimo ineunte legationes multarum nationum et gentium externarum in hac parte urbis sedes collocaverunt. Cum Adolphus Hitler rerum potitus esset, Albertus Speer architectus eius speciem urbis Berolini, ut capitis imperii, penitus commutare voluit. Quam ob rem post annum MDCCCCXXXVIII multa aedificia vetera publicata et diruta sunt. Praeterea bello orbis terrarum magna pars aedificiorum huius areae pyrobolis deleta est; post bellum confectum Ecclesia Sancti Matthaei sola restituta est. Annis MDCCCCLVII

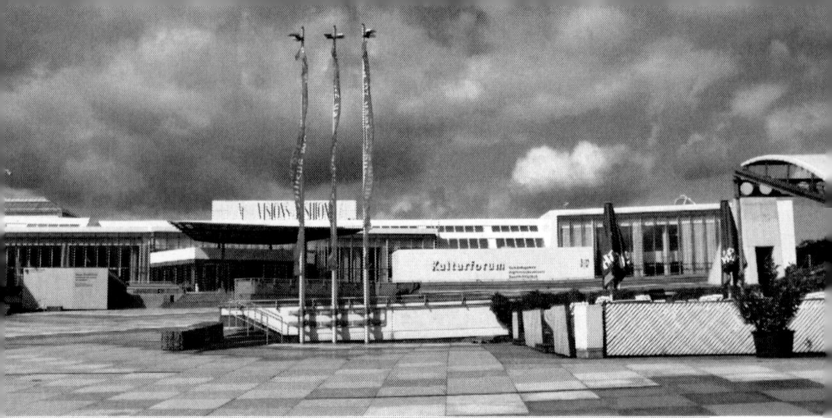

Prospectus Fori Culturae

et MDCCCCLVIII senatus Berolinensis certamen architectorum proposuit, ut consilium caperetur, qua ratione urbs restituenda esset. Senatui placuerat, ut in parte areae ad occidentem vergente sedes legationum nationum externarum rursus collocarentur. Pars ad orientem spectans aedibus artibus et Musis dedicatis destinabatur. Palmam illius certaminis Ioannes Scharoun architectus accepit, qui occidentalem partem urbis „ligamine quodam“, ut dixit, „culturae“ cum Insula Museorum coniungere voluit. Sed cum anno MDCCCCLXI murus Berolinensis constructus esset, architecti propositum teneri non iam poterat. Etiam ea consilia, quae ad Forum culturae collocandum pertinebant, mutanda erant, cum Via Potsdamensis, quae aream totam in duas partes dividebat, translata non esset, quod antea propositum erat. Itaque annis consequentibus complura quidem aedificia a Ioanne Scharoun designata construebantur, sed species fori absoluti et perfecti usque ad hunc diem desideratur.

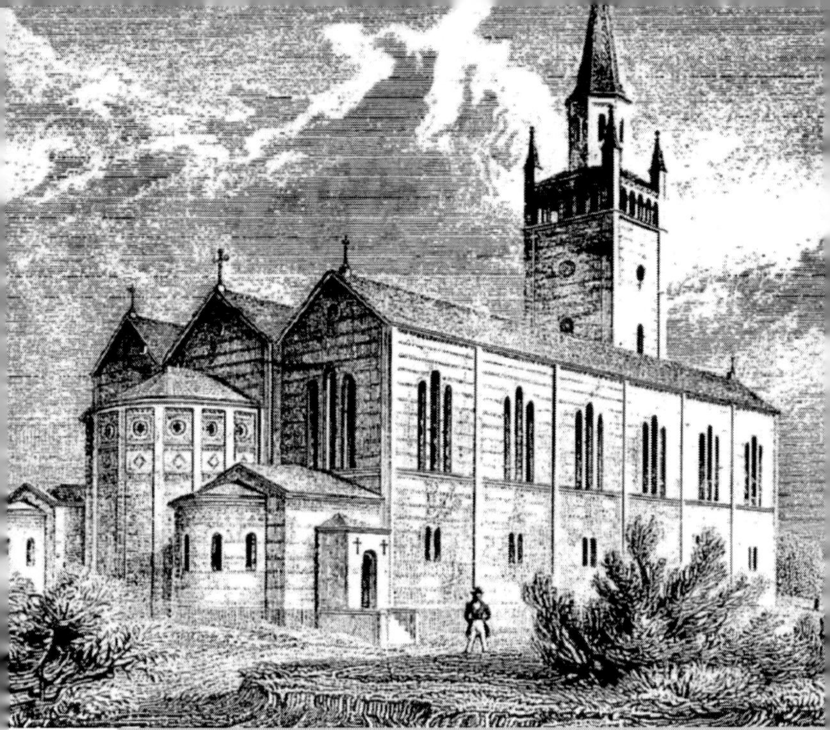

Imago siderographica Ecclesiae Sancti Matthaei anno MDCCCLXX facta

Ecclesia Sancti Matthaei

Inscriptio cursualis: Matthäikirchplatz, 10785 Berlin
Ecclesia cotidie patet (exceptis diebus Lunae) horis XII-XVIII.
Pagina domestica: www.stiftung-stmatthaeus.de

Ecclesia Sancti Matthaei ante bellum orbis terrarum secundum in foro quodam exiguo sita erat domibus circumdata. A Friderico Augusto Stueler architecto inter annos MDCCCXLIV et MDCCCXLVI ad modum neoromanicum aedificata erat.

Inter cives paroeciae Sancti Matthaei erant viri illustres fratres Iacobus et Guilelmus Grimm et Rudolphus Virchow medicus, ut paucos tantum nominemus. Anno MDCCCCXXXI Didericus Bonhoeffer theologus in hac ecclesia ad officium pastorale ordinatus est. Nostra aetate ecclesia illa non solum missis celebrandis (diebus Dominicis, hora duodevicesima), sed etiam ad expositiones artificiorum visendas et concentus musicos audiendos locum dat.

Bibliotheca Rei Publicae

Inscriptio cursualis: Potsdamer Str. 33, 10785 Berlin
Bibliotheca cotidie patet (diebus Dominicis exceptis) horis IX-XXI (diebus Saturni horis IX-XIX).
Pagina domestica: www.staatsbibliothek-berlin.de

Cum post bellum orbis terrarum secundum Berolinum – ut Germania tota – divisum esset, in utraque parte urbis singulae Bibliothecae Rei Publicae institutae sunt, quae pristinae Bibliothecae Rei Publicae Prussiae succederent. Ut libris, quos Bibliotheca partis occidentalis possidebat, locus esset, ab anno MDCCCCLXVII usque ad annum MDCCCCLXXVIII in Foro Culturae ab Edgaro Wisniewski et Ioanne Scharoun architectis aedificium novum constructum est. Ut Germaniae partibus rursus coniunctis bibliothecae quoque coniungerentur, anno MDCCCCXCI „Bibliotheca Rei Publicae Germanica Berolinensis“ condita est, quae maxima bibliotheca universalis artium et scientiarum totius Germaniae est. Plus quam centies centena milia librorum possidet. Inter collectiones amplas manuscriptorum invenies manuscripta virorum illustrium Goethe, Lessing, Kleist. Accedit maxima pars manuscriptorum Ioannis Sebastiani Bach et Volfgangi Amadei Mozart, praeterea schedae symphonias quartam, quintam, octavam, nonam Ludovici a Beethoven continentes.

Manuscripta Latina Bibliothecae Rei Publicae

Inter duodeviginti milia circiter librorum manuscriptorum et quingentos occidentis, quos Bibliotheca Rei Publicae Germanica Berolinensis possidet, sex milia Latine scripta sunt. Etiam pars codicis illius antiquissimi illustrissimique, qui „Vergilius Augusteus" appellatur, ibi custoditur, quem saeculo post Christum natum quarto exeunte scriptum esse veri simile est. Fragmenta Aeneidos Georgicorumque P. Vergilii Maronis poetae continet. Folia septem manuscripti supersunt, quorum quattuor in bibliotheca Vaticana, tria in Bibliotheca Rei Publicae Berolinensi conservantur. Cum nonnulli codices veteres opera Vergilii continentes pictis imaginibus instructi sint, Vergilius noster Augusteus tali ornatu caret. At omnium codicum adhuc exstantium, qui litteras paginarum singularum initiales maiores exornatas exhibent, antiquissimus est. Praeterea commemorare oportet scriptorem usum esse scriptura capitali quadrata, quae nusquam nisi in titulis in lapide incisis appareat. Augusteus autem appellatur, quod olim fuerunt, qui eum temporibus Augusti imperatoris scriptum esse putarent.

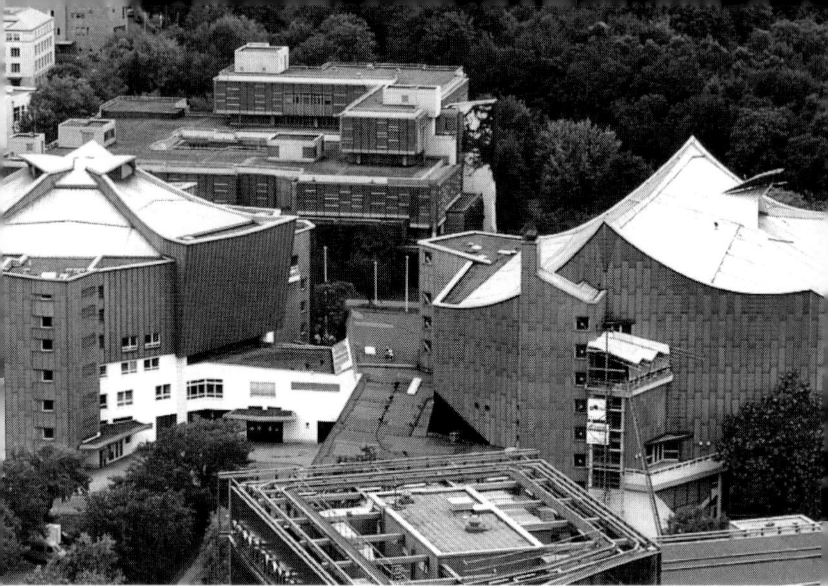
Prospectus Aulae Philharmonicae et Aulae Musicae Cameratae

Aula Philharmonica

Inscriptio cursualis: Herbert-von Karajan-Str. 1, 10785 Berlin
Aula Philharmonica cotidie hora XIII et dimidia cum mystagogo adiri potest.
Pagina domestica: www.berliner-philharmoniker.de

Aula ad musicam audiendam constructa, quae „Philharmonia“ appellatur, anno MDCCCCLXIII confecta est. Ibi homines symphoniaci illi illustres audiri possunt, qui „Berliner Philharmoniker“ appellantur. Inter aulas optimas totius orbis terrarum excellit. Nam paulo post quam aedificata est, exemplum aularum construendarum imitandum esse omnium consensu putabatur. Cum Ioannes Scharoun architectus auditores a musicis segregari noluerit, orchestra in media aula pentagona sita est. Duo milia sedilium et quadringenta quadraginta circum orchestram disposita sunt. Optime auscultare poteris, ubicumque sedebis. Aedificium ipsum tentorio circensi similis esse videtur. Velamentum ex aluminio factum et colore aureo micans inter annos MDCCCCLXXVIII et MDCCCCLXXXI affigebatur. Anno MDCCCCLXXXIV Edgar Wisniewski architectus consilio Ioannis Scharoun usus secundam aulam minorem et Aulae Philharmonicae vicinam aedificare coepit, quae anno MDCCCCLXXXVIII confecta est. Quae „Aula Musicae Cameratae" appellatur et mille sedilia et centum octoginta continet.

Museum Instrumentorum Musicorum

Inscriptio cursualis: Tiergartenstr. 1, 10785 Berlin
Museum cotidie patet (diebus Lunae exceptis) horis IX-XVII (diebus Iovis usque ad horam XXII, diebus Saturni et Dominica horis X-XVII).
Pagina domestica: www.sim.spk-berlin.de

Prope Aulam Musicae Cameratae Institutum Publicum Rebus Musicis Investigandis cum Museo Instrumentorum Musicorum situm est. Museum anno MDCCCCLXXXIV confectum collectionem magnam pretiosamque instrumentorum musicorum continet, quibus musica artificiosa Europaea usque a saeculo sexto decimo tractata repraesentatur.

Instrumentorum omnium, quae spectari (interdum etiam audiri) possunt, maximum est organum ingens a

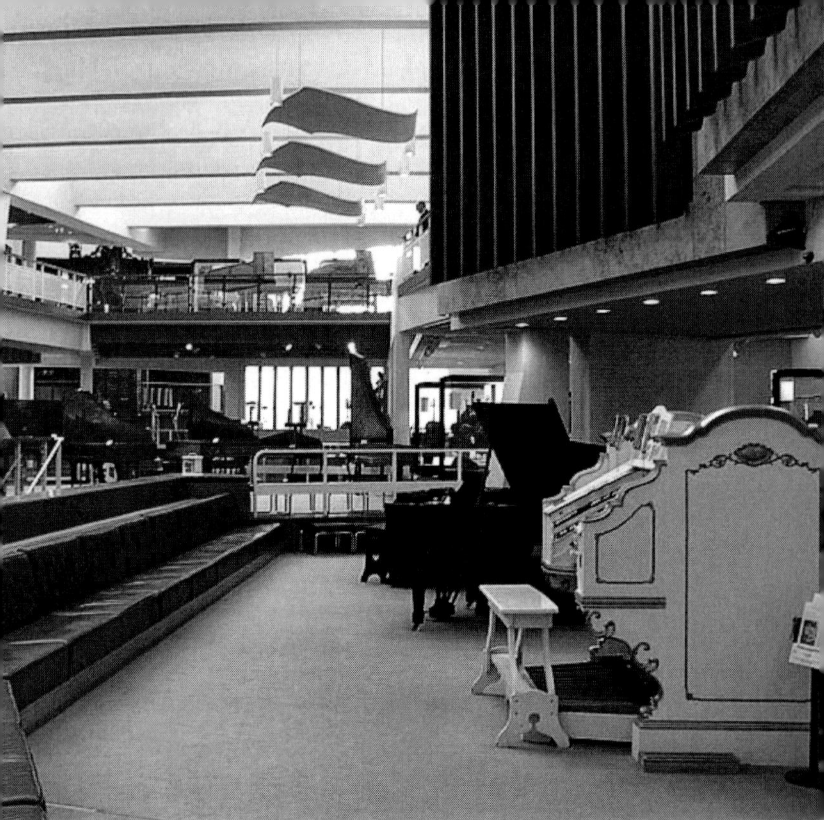

Museum Instrumentorum Musicorum cum Organo maximo Wurlitzer

fabris manufacturae Wurlitzer constructum. Quondam ad mutas pelliculas cinematographicas musica et sonis supplendas usui erat. Avium cantus et tonitrus et multos alios sonos imitari potest. Diebus Saturni hora duodecima soni multorum instrumentorum visentibus exhibentur. Praeterea tabularium et bibliotheca publica partes musei sunt.

Museum Supellectilis Artificiosae

Inscriptio cursualis: Herbert-von-Karajan-Straße 10, 10785 Berlin
Museum cotidie patet (diebus Lunae exceptis) horis X-XVII (diebus Saturni et Dominicis horis XI-XVIII).
Pagina domestica: http://www.smb.spk-berlin.de/kgm

Museum Supellectilis Artificiosae Berolinense anno MDCCCLXVII primum huius generis museum totius Germaniae apertum est. His temporibus collectio ampla duobus locis exhibetur: in Foro Culturae et in castello Copnicensi. Aedificium in Foro Culturae situm a Rudolpho Gutbrod architecto anno MDCCCCLXXXV confectum est. Collectio musei artificia Europaea ab initio aetatis mediae usque ad nostram memoriam facta continet; inter quae artificia ex auro argentoque, vasa e vitro, ex opere fictili, e porcellana facta, apparatus domestici artificiales, vestimenta pretiosa multaque alia inveniuntur.

Museum Imaginum Chalcographicarum

Inscriptio cursualis: Matthäikirchplatz 8, 10785 Berlin
Museum cotidie patet (diebus Lunae exceptis) horis X-XVII (diebus Saturni et Dominicis horis XI-XVIII).
Pagina domestica: www.kupferstichkabinett.de

Museum Imaginum Chalcographicarum Berolinense maximam collectionem picturarum linearium Germaniae possidet, quae etiam in numero collectionum maximarum totius orbis terrarum habetur. Plus quam quinquies centena milia imaginum

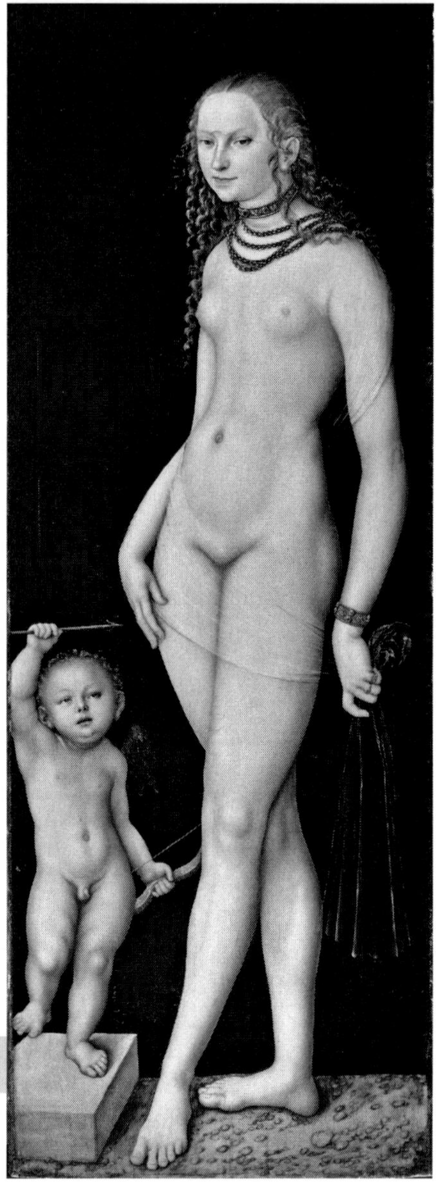

Lucae Cranach
„Venus et Amor"

in chartas impressarum et plus quam centum milia picturarum linearium et imaginum coloribus aquatis pictarum continet. Cum expositio perpetua non sit, artificia expositionibus minoribus, quae interdum mutantur, spectari possunt. Tamen si quis imaginem certam inspicere velit, praemandare potest, ut e tabulario afferatur.

Museum opera multorum artificum ab aetate media usque ad nostram memoriam illustrium possidet: Alexandri Botticelli, Alberti Duerer, Rembrandtii, Adolphi Menzel, Francisci de Goya, Pauli Picasso, Andreae Warhol, ut pauci tantum nominentur.

Pinacotheca

Inscriptio cursualis: Matthäikirchplatz 4-6, 10785 Berlin
Pinacotheca cotidie patet (diebus Lunae exceptis) horis X-XVIII (diebus Iovis usque ad horam XXII).
Pagina domestica: www.gemaeldegalerie-berlin.de

Thesaurus Pinacothecae picturae antiquiori occidentali dedicatae, quae quondam in duas partes divisa et Dahlemiae et in Museo Bodiano sedes habebat, nunc in aedificio novo ad Forum Culturae sito spectari potest. In quinquaginta tribus cameris circum atrium amoenum dispositis, quae sole optime illuminantur, collectio operum illustrium picturae Europaeae, quae a tertio decimo usque ad duodevicesimum saeculum procreabantur, spectari potest. Plus quam mille picturae monstrantur, inter quas sunt tabulae a Bruegel, Cranach, Raphaele, Tiziano, Caravaggio, Rubens,

Vermeer pictae. Praeterea collectio sedecim opera Rembrandtii pictoris praeclari continet. Etiam rebus antiquis addicti in Pinacotheca digna, quae spectentur, invenire possunt: Plus quam ducentis picturis fabulae et res gestae Graecorum Romanorumque imagine expressae sunt.

Pinacotheca Publica Nova

Inscriptio cursualis: Potsdamer Straße 50, 10785 Berlin
Pinacotheca cotidie patet (diebus Lunae exceptis) horis X-XVIII (diebus Iovis usque ad horam XXII, diebus Saturni et Dominicis horis XI-XVIII).
Pagina domestica: www.neue-nationalgalerie.de

Domus Pinacothecae Publicae Novae anno MDCCCCLXVIII prima omnium aedificiorum Fori Culturae secundum descriptionem Ludovici Mies van der Rohe architecti confecta est. Propter structuram illustrem etiam „templum lucis vitreum" appellatur. In hac pinacotheca exempla picturae et artis fingendi Europaeae vicesimi saeculi monstrantur, exempli gratia opera Munch, Kirchner, Picasso, Klee, Feininger, Dix, Kokoschka artificum.

Servato temporis ordine tabularum collectione Pinacothecae Publicae Novae collectio Pinacothecae Publicae Veteris in Insula Museorum sitae continuatur. Qui arte contemporanea magis delectatur, collectionem petat, quae in Statione Hamburgensi spectari potest. Expositio perpetua in subterraneo monstratur. Sursum in atrio magno expositiones peculiares ad exiguum tempus excipiuntur.

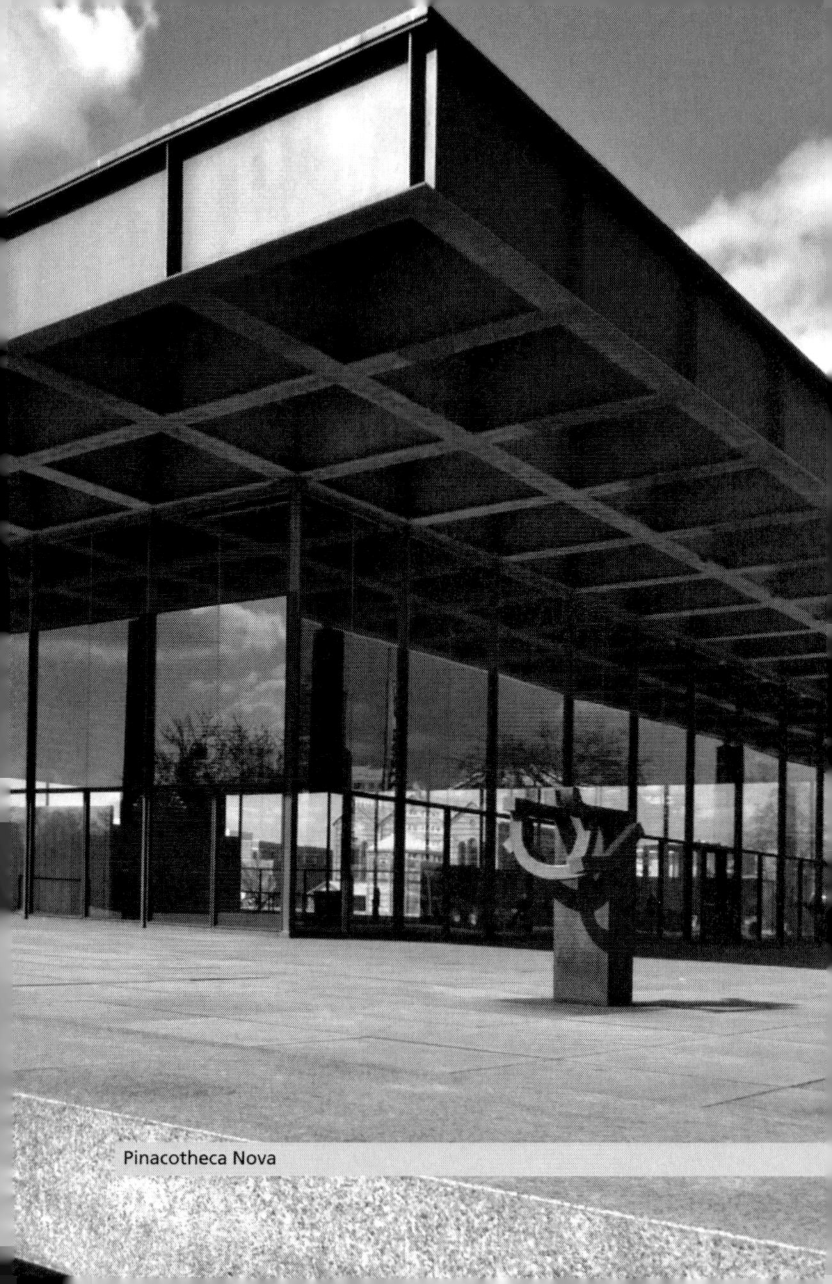

Pinacotheca Nova

Appendices

Index Bibliographicus

Praeter paginas domesticas magistratus civitatisque Berolinensis usui fuerunt libri hi:

Diefenbach, Lorenz, Glossarium Latino-Germanicum Mediae et Infimae Aetatis, Frankfurt a. M. 1857 (ND Darmstadt 1997).

Georges, Karl Ernst, Kleines Deutsch-Lateinisches Handwörterbuch, Hannover [7]1910 (ND Darmstadt 1997).

Helfer, Christian, Lexicon Auxiliare. Ein deutsch-lateinisches Wörterbuch, Editio altera, Saarbrücken 1985.

Kirsch, Adam Friedrich, Abundantissimum Cornu Copiae Linguae Latinae Et Germaniae Selectum , Leipzig 1774, online verfügbar unter http://www.uni-mannheim.de/mateo/camenaref/kirsch.html .

Meissner, Carl/Christina Meckelnborg, Lateinische Phraseologie, Darmstadt [3]2009.

Menge, Hermann/Thorsten Burkard/Markus Schauer, Lehrbuch der lateinischen Syntax und Semantik, Darmstadt [4]2009.

Neues Latein Lexikon, herausgegeben von der Libraria Editoria Vaticana, übersetzt von Stefan Feihl u.a., Bonn 1998.

Alings, Reinhard, Die Berliner Siegessäule. Vom Geschichtsbild zum Bild der Geschichte, Berlin 2000.

Busche, Ernst A., Bellevue. Vom königlichen Lustschloß zum Amtssitz des Bundespräsidenten, Leipzig 2005.

Cullen, Michael S./Uwe Kieling, Das Brandenburger Tor. Ein deutsches Symbol, Berlin 1999.

Cullen, Michael S., Der Reichstag, Die Geschichte eines Monuments, Stuttgart 1990.

De Bruyn, Günter, Unter den Linden, München [3]2004.

Demandt, Barbara, Metamorphosen eines Tores. Handreichungen zur Erklärung des Brandenburger Tores, in : Pegasus Onlinezeitschrift IV/1 (2004) 26-53.

Demps, Laurenz, Das Brandenburger Tor. Ein Symbol im Wandel, Berlin 2003.

Demps, Laurenz, Die Neue Wache. Vom königlichen Wachhaus zur Zentralen Gedenkstätte, Berlin 2011.

Demps, Laurenz, Der Pariser Platz, Berlin 1995.

Eckert, Reinald, Konzeption zur denkmalpflegerischen Instandsetzung des Gendarmenmarktes Berlin-Mitte, Berlin 1996.

Eine über 300-jährige Geschichte. Berlin-Brandenburgische Akademie der Wissenschaften. Vormals Preußische Akademie der Wissenschaften, herausgegeben von der BBAW, Berlin 2009. Online unter: http://www.bbaw.de/service/publikationen-bestellen/BBAW_Hist_Broschuere_final_10_2010.pdf.

Elsholtz, Johann Sigismund, Hortus Berolinensis – Erstes Buch. Herausgegeben von Felix Mundt und Marcel Humar, Worms 2010.

Engel, Helmut /Steffi Jersch-Wenzel/Wilhelm Treue (Hgg.), Tiergarten, Teil 1, Berlin 1989.

Engel, Martin, Das Forum Fridericianum und die monumentalen Residenzplätze des 18. Jahrhunderts, Diss. FU Berlin 2001/2004. Online unter www.diss.fu-berlin.de.

Falanga, Gianluca, Italien in Berlin, Berlin und Brandenburg 2006.

Fritsch, Andreas, Die Antike im Spiegel Berliner Straßennamen. In: Latein und Griechisch in Berlin 30 (1986), S. 18-30. Nachdruck in: Unsere Schule, Jahrbuch des Canisius-Kollegs Berlin, 1987, S. 119-126.

Fritsch, Andreas, Berolinum - orbi lumen. In: Latein und Griechisch in Berlin 30 (1986), S. 39-42. Nachdruck in: Unsere Schule, Jahrbuch des Canisius-Kollegs Berlin, 1987, S. 115-118.

Glatzer, Dieter/Ruth Glatzer, Berliner Leben 1914-1918, Eine historische Reportage aus Erinnerungen und Berichten, Berlin 1983.

Greiff, Ursula, Neuzeitliche lateinische Inschriften in Berlin (West). In: Latein und Griechisch in Berlin 28 (1984), S. 41-46.

Greiff, Ursula: Dichter und Herrscher in lateinischen Gedichten aus der Mark Brandenburg (16. und 17. Jahrhundert). Hildesheim: Weidmann 2006.

Hallen, Andreas/Bernhard Müller (Hgg.), Berlin zu Fuß, 22 Stadtstreifzüge durch die Geschichte und Gegenwart, Hamburg 1987.

Hoffmann, Hans Wolfgang/Ulf Meyer/Philipp Meuser/Ansgar Oswald/ Jochen Paul u.a., Architektur in Berlin und Brandenburg, Berlin 1997.
Jager, Markus, Der Berliner Lustgarten, Berlin 2005.

Kieling, Uwe /Johannes Althoff, Das Nikolaiviertel. Spuren der Geschichte im ältesten Berlin, Berlin 2001.

Kister, Cornelie, Der Gendarmenmarkt, Berlin 2002.

Klein, Gotthard/Andreas Fritsch: Bernardus Lichtenberg. Conspectus biographicus, http://www.dioezesanarchiv-berlin.de/lichtenberg-latine2.html.

Krosigk, Klaus von, Der Gendarmenmarkt, Berlin 1999.

Kühnel, Steffi, Civitas Berolinensis. Geschichtstouren zu den Anfängen der Hauptstadt, Berlin 2010.

Kytzler, Bernhard, Marchia Resurge. Erhebe dich du Mark. Nachrichten aus der Humanistenzeit Berlins und der Mark Brandenburg. Katalog zur Ausstellung aus den Beständen der Staatsbibliothek zu Berlin – Preußischer Kulturbesitz, 9. April - 31. Mai 1992.

Laabs, Rainer, Das Brandenburger Tor. Brennpunkt deutscher Geschichte, Berlin 2001.

Müller, Regina, Das Berliner Zeughaus. Die Baugeschichte, Berlin 1994.

Neumann, Siegfried, Sagenhaftes Berlin: Historien, Sagen und Anekdoten rund um die deutsche Hauptstadt, München 2000.

Pabsch, Matthias, Pariser Platz. Architektur und Technik. Vom manuellen zum digitalen Zeitalter, Berlin 2002.

Ribbe, Wolfgang/Jürgen Schmädeke, Kleine Berlin-Geschichte, hg. v. d. Landeszentrale für politische Bildungsarbeit Berlin in Verbindung mit der Historischen Kommission zu Berlin, Berlin 1994.

Ribbe, Wolfgang (Hg.), Geschichte Berlins, 2 Bde., Berlin ³2002.

Rücker, Veronika, Die Grabinschriften der Hohenzollern. Edition, Übersetzung und Kommentar, Hildesheim 2009.

Schmitz, Frank, Kleine Baugeschichte der Staatsoper Unter den Linden, http://new.heimat.de/home/staatsoper/KleineBaugeschichte.pdf .

Schnur, Harry C., Vallum Berolinense. Ein Exilberliner erlebt den Mauerbau. Eingeleitet, ediert, übersetzt und mit Anmerkungen versehen von Fritz Felgentreu, herausgegeben vom Präsidenten des Abgeordnetenhauses zu Berlin, Berlin 2011.

Schoeps, Julius H., Berlin. Geschichte einer Stadt, Berlin und Brandenburg 2007.

Schulz, Bernhard, Der Reichstag. Die Architektur von Norman Foster, München/London/New York 2000.

Springer, Peter, Schinkels Schloßbrücke in Berlin, Frankfurt a. M./Berlin/Wien 1981.

Thieme, Wolf, Das Weinhaus Huth am Potsdamer Platz: Die wechselvolle Geschichte einer Berliner Legende, Berlin 2002.

Wege-Irrwege-Umwege. Die Entwicklung der parlamentarischen Demokratie in Deutschland – Historische Ausstellung des Deutschen Bundestages im Deutschen Dom in Berlin, Deutscher Bundestag, Berlin 2010.

Index Nominum

Index Locorum et Monumentorum

Glossarium

abolere, aboleo, abolevi, abolitum: abschaffen
accola, ae, m.: der Anwohner
acuarius, i, m.: der Nadler, Nadelmacher
ad vanum redigere: zunichte machen
adiacere, adiaceo, adiacui: neben etw. liegen, an etw. angrenzen
adumbratio, adumbrationis, f.: die Skizze
aedicula, ae, f.: die Nische
aedificia picta: Architekturskizzen
aeneus, a, um: bronzen
aerarium: die Staatskasse
aetas, aetatis, f. machinalis industriae
inductionis: das Industrielle Zeitalter
affabre, Adv.: kunstgerecht
alapa, ae, f.: die Ohrfeige
album, i linteum, n.: die Leinwand
Amazon, Amazonis, f.: die Amazone
ambulator, ambulatoris, m.: der Fußgänger
anabathrum, i, n.: der Aufzug
angiportus, us, m.: die Gasse
angustiae, arum, f. Pl.: der finanzielle Engpass
anilia, anilium, n. Pl.: Altweibergeschwätz
annua spectaculorum cinematographicorum editio, editionis
internationalis, f.: die jährlichen internationalen Filmfestspiele
antesignanus, i, m.: der Vorkämpfer, Kämpfer in der ersten Reihe
anus, us, f.: die alte Frau
apertus: s. capite aperto
apparatus, uum domestici artificiales, m. Pl.:
kunsthandwerkliche Einrichtungsgegenstände
aquilo, aquilonis, m.: der Norden (Himmelsrichtung)
aquivomus, a, um: wasserspeiend
arcus, us triumphalis, m.: der Triumphbogen
area, ae, f.: der Platz
argentaria, ae, f.: die Bank
argentarius, i, m.: der Bankier
armarium, i, n.: der Schrank
ars, artis cinematographica, f.: die Filmkunst
ars, artis fingendi, f.: die Bildhauerkunst

ars, artis pingendi et sculpendi, f.: die Malerei und Bildhauerkunst
artifex, artificis scaenica, f.: die Schauspielerin
attica, ae, f.: die Attika (Terminus technicus für einen Sockel oder ein Relief auf dem Dach eines Triumphbogens)
aula, ae, f.: der Herrscherhof
auscultare, ausculto, auscultavi, auscultatum: zuhören
Australianus, a, um: aus Australien
Austriacus, a, um: aus Österreich
autocinetum, i, n.: das Auto
bacchari, bacchor, bacchatus sum: trinken und feiern
baiulus, i, m.: der Lastenträger, Dienstmann
barocus novus Berolinensis, m.: der Neobarock Berliner Schule
bellum, i mundanum, n.: der Weltkrieg
bellum, i orbis terrarum, n.: der Weltkrieg
bellum, i tricennale, n.: der Dreißigjährige Krieg
Bernaviensis, e: aus Bernau
binae orbitae, f. Pl.: das Gleis
blandiri, blandior, blanditus sum: schmeicheln
bombarda, ae, f.: die Kanone
branca, ae, f.: die Pranke
caeliscalpium, i, n.: der Wolkenkratzer
callere, calleo, callui aliquid: in etw. beschlagen sein
calx, calcis, f.: der Kalkstein
camera, ae, f.: Raum, Zimmer
capite aperto: barhäuptig
capite obvoluto: mit verhülltem Haupt
carnes oleraque varia: der Eintopf
cassis, cassidis, f.: der Helm
casula, ae, f.: die Hütte
casula, ae iudicialis, f.: die Gerichtslaube
cathedra, ae, f.: die Kanzel
caupo, cauponis, m.: der Wirt
caupona, ae, f.: das Restaurant
centies centena milia: hundertmal hunderttausend, also 10 Millionen
certamen apparare/ponere/proponere: einen Wettbewerb veranstalten
certamen, certaminis pediludii, n.: die Fußballweltmeisterschaft
certatio, certationis pedifollii mundana, f.: die Fußballweltmeisterschaft
cetus, i, m.: der Wal

chalybs, chalybis, m.: der Stahl
chartaceus, a, um: aus Papier
chiliogramma, chiliogrammatis, n.: das Kilogramm
chiramaxium, i, n.: der Handwagen
cinematographeum, i, n.: das Kino
cinematographica machina uti: die Kamera führen
circuitus, us, m.: der Umfang, der Umweg; die Stadtführung
cista, ae, f.: der Koffer
civitas, civitatis honoris causa, f.: die Ehrenbürgerschaft
clava, ae, f.: die Keule
coaedificare, coaedifico, coaedificavi, coaedificatum: bebauen
commeatu intercludere aliquem: jemandem
den freien Verkehr versperren
commeatus, commeatus vehicularius, m.: der Straßenverkehr
commentarius, i periodicus, m.: die Zeitschrift
compitum, i, n.: die Straßenkreuzung
componere, compono, composui, compositum: beilegen
concentus musicus, concentus musici, m.: das Konzert
concinnare, concinno, concinnavi, concinnatum: zusammenfügen
conclave, is, n.: das verschlossene Zimmer
concha, ae, f.: die Muschel
conflare, conflo, conflavi, conflatum: zu einem Ganzen vereinigen
consocatio, consocationis anonyma (= s.a.), f.: die Aktiengesellschaft
constituere: s. rem publicam constituere
consul regens, consulis regentis, m.: der Regierende Bürgermeister
contemporaneus, a, um: zeitgenössisch
continuare, continuo, continuavi, continuatum: fortsetzen
conventus, conventus diurnariis edocendis, m.: die Pressekonferenz
convicium, i, n.: die strenge Zurechtweisung
coprea, ae, m.: der Hofnarr
coquinaria ars, artis, f.: die Gastronomie
corona, ae laurea, f.: der Lorbeerkranz
corrodere, corrodo, corrosi, corrosum: zerfressen
costa, ae, f.: die Rippe
cranium, i, n.: der Schädel
cudere, cudo, cudi: prägen
culcita, ae, f.: das Kissen
cuppedinarius, i, m.: der Konditor
custodire, custodio, custodi(v)i, custoditum: bewachen, verwahren
decantare, decanto, decantavi, decantatum: bis zum Überdruss hersagen

decima, ae, f.: der Zehnt (decima ecclesiastica: der Kirchenzehnt)
declivis, e: schräg
decollare, decollo, decollavi, decollatum: enthaupten
dedicare: widmen, weihen
deflagrare, deflago, deflagravi, deflagratum: in Flammen aufgehen
delineatio, delineationis, f.: die Skizze
depecisci, depeciscor, depectus sum: einen Vertrag abschließen
depromere, depromo, deprompsi, depromptum: entlehnen
describere: s. leges, iudicia, iura describere
descriptio, descriptionis aedificandi, f.: der Grundriss
designare, designo, designavi, designatum: skizzieren, entwerfen
destruere, destruo, destruxi, destructum: niederreißen
deversari, deversor, deversatus sum: logieren
deversorium, i, n.: das Hotel
diarium, i, n.: die Zeitung
dicare, dico, dicavi, dicatum: weihen
dies Dominica: Sonntag
dies Iovis: Donnerstag
dies Lunae: Montag
dies Martis: Dienstag
dies Mercurii: Mittwoch
dies Saturni: Samstag
dies Veneris: Freitag
dimidius, a, um: halb
discriptio, discriptionis, f.: die Gliederung
disiectus, a, um: verstreut
divellere, divello, divelli, divulsum: herabreißen
domus, us aleatoria, f.: die Spielbank
domus, us editoria, f.: der Verlag
drama, dramatis melicum, n.: die Oper
Dresdensis, e: aus Dresden
ebur, eboris, n.: das Elfenbein
ecclesia, ae, f.: der Dom, die Kirche
ectypon, i, n.: das Relief
edictum Potsdamense: Potsdamer Toleranzedikt
elector, electoris (imperii), m.: der Kurfürst
electrogramma, electrogrammatis, n.: die E-mail
emblema, emblematis, n.: die Medaille
episcopus, i, m.: der Bischof
eques, equitis loricatus, m.: der Kürassier

Euro, Euronis, m.: der Euro
excruciare, excrucio, excruciavi, excruciatum: quälen
exemplum, i, n.: die Kopie
exhibere, exhibeo, exhibui, exhibitum: ausstellen, präsentieren
exhibitio, exhibitionis, f.: die Ausstellung
expositio, expositionis peculiaris, f.: die Sonderausstellung
extendere, extendo, extendi, extensum: ausdehnen
fabulam dare: ein Stück aufführen
famosus, a, um: berüchtigt
fascalis factio, factionis, f.: die Nationalsozialisten
(‚faschistische Partei')
fastigium, i, n.: der Giebel, das Giebeldach
fax, facis, f.: die Fackel
femur, femoris, n.: der Oberschenkel
ferrivia, ae, f.: die Eisenbahn
ferrivia, ae subterranea, f.: die U-Bahn
ferriviarum contextus, us, m.: die Eisenbahnlinie
ferrugo, ferruginis, f.: der Rost
festivus, a, um: heiter, lustig
fictilis, e: tönern, erd-
fides, ei, f.: der Glaube, die Glaubensrichtung
finem alicuius rei terminare: etwas abschließen
fistula, ae, f.: die Flöte
foederati, orum, m. Pl.: die Alliierten
folium, i, n.: die (Buch-)Seite
fons, fontis, m. (artificiosus): der (Zier-)Brunnen
fratres minores, fratrum minorum, m. Pl.: die Franziskaner
fulcimentum, i, n.: Stütze, Strebe
fulcire, fulcio, fulsi, fultum: durch Streben oder Pfeiler
stützen (chalybe fulciente: in Stahlskelettbauweise)
funditus, Adv.: von Grund auf
furari, furor, furatus sum: stehlen
galea, ae, f.: der Helm
gelida sorbitio, sorbitionis, f.: das Eis
gigas, gigantis, m.: der Riese
glacialis, e: zum Eis gehörig (tempus: die
Eiszeit; vallis: eiszeitliches Urstromtal)
gladius, i, m.: das Schwert
granites, granitis, m.: der Granit
gryps, grypis, m.: der Greif

gymnasium, i pilarium, n.: das Ballhaus (Sporthalle)
habitatio, habitationis, f.: die Wohnung
hastatus, i, m.: der Lanzenträger
herba, ae, f.: die Pflanze
hippocampus, i, m.: das Seepferdchen
histrio, histrionis, m: der Schauspieler, Pantomime
hodoeporicon, i, n.: die Reisebeschreibung
horologium, i, n.: die Uhr
hospitium, i, n.: das Hotel
humectare, humecto, humectavi, humectatum: benetzen
iactus, us piscium, m.: der Fischzug
imago, imaginis chalcographica, f.: der Kupferstich
imago, imaginis coloribus aquatis picta, f.: das Aquarell
imago, imaginis in chartam impressa, f.: die Druckgrafik
imbuere, imbuo, imbui, imbutum (aliquem aliqua re): jmd. in eine Sache einführen
impressio, impressionis pelliculae cinematographicae, f.: die Filmaufnahme
impressio, impressionis photographica, f.: das Foto
improvidus, a, um: unbekümmert
in antiquum statum restituere: in den alten Zustand zurückversetzen
in numerum deorum reponere aliquem: jemanden unter die Götter aufnehmen
in re publica versari: Politiker sein
in saccharo elixus: kandiert
inaugurare, inauguro, inauguravi, inauguratum: eröffnen
incendio absumi: durch einen Brand vernichtet werden
inchoare, inchoo, inchoavi, inchoatum: etwas beginnen
incommodum accipere: einen Schaden erleiden
incrustare, incrusto, incrustavi, incrustatum: überziehen
indignabundus, a, um: seinen Unwillen äußernd
infamis, e: unbeliebt, berüchtigt
infima antiquitas: die Spätantike
inscriptio, inscriptionis cursualis, f.: die Postadresse
insculpere, insculpo, insculpsi, insculptum: einmeißeln
inserere, insero, inserui, insertum: einfügen
insigne, is, n.: das Wahrzeichen, das Wappen
instaurare, instauro, instauravi, instauratum: wiederherstellen
institorium, i, n.: der Laden
insuperabilis, e: unüberwindlich

intestina, orum, n. Pl.: das Innere, die Eingeweide
ius, iuris burgense, n.: das Stadtrecht
iusta facere: die letzte Ehre erweisen
labrum, i, n.: das Becken
lacertus, i, m.: der (Ober-)arm
lam(i)na, ae, f.: die Platte
lapidem primum deponere: den Grundstein legen
lapis, lapidis straturae aptus, m.: der Pflasterstein
later, lateris, m.: der Backstein
latericius, a, um: aus Klinker, aus Backstein
Latine reddere: ins Lateinische übersetzen
Laudunensis, e: aus / in Laon
legatio, legationis, f.: die Gesandtschaft
leges, iudicia, iura describere: (dem Staat) eine Verfassung geben
ligamen, ligaminis, n.: das Band
limbus, i, m.: das Band, die Borte
linter, lintris, f.: Kahn, Nachen
locare, loco, locavi, locatum: in Auftrag geben, vermieten
loricatus, a, um: s. eques loricatus
lucernae electricae, f. Pl.: elektrische Straßenbeleuchtung
lumen, luminis, n.: das Licht, der Glanzpunkt
machina, ae electronica, f.: das elektronisches Gerät
machina, ae, vaporaria, f.: die Dampfmaschine
maenianum, i, n.: der Balkon
magnarius negotiator, negotiatoris, m.: der Großhändler
mapalia, mapalium, n. Pl.: Hütten der Nomaden
auf Wagen (vgl. Wohnwagen)
marchio, marchionis, m.: der Markgraf
marsupium, i, n.: das Portemonnaie
media aetas: das Mittelalter
memoriam alicuius rei retinere: das Andenken an etwas bewahren
meridionalis, e: südlich
micare, mico, micui: schimmern
minister, i, m.: der Angestellte
minutorum speciminum effector, effectoris, m.: der Modellbauer
missa, ae, f.: die Messe, der Gottesdienst
monumenta litterarum, n. Pl.: Urkunden und Schriftstücke
monumentum facere aliquid: etwas unter Denkmalschutz stellen
muta pellicula cinematographica: der Stummfilm
nanus, i, m.: der Zwerg

natalis, e: Geburts- (dies natalis Christi: Weihnachten)
navus, a, um: strebsam
nervosus, a, um: muskulös
noctambulus, i, m.: der Nachtschwärmer
nodus viarum: der Verkehrsknotenpunkt
Nox, Noctis Longa Scientiarum, f.: die
Lange Nacht der Wissenschaften
nummi adulterini, m. Pl.: Falschmünzen
nummus, nummi chartaceus, m.: der Geldschein
nutrix, nutricis, f.: die Amme
nux, nucis, f.: der Nussbaum
oblectamentum, i, n.: das Spielzeug
obstupescere, obstupesco, obstupui: in Staunen geraten
obvertere, obverto, obverti, obversum: zuwenden
obvoluto: s. capite obvoluto
occidentalis, e: westlich
octangularis, e: achteckig
odium, i phyleticum, n.: der Rassenhass
oecus, oeci, m.: der Raum
oenopolium, i, n.: das Weinhaus
officina, ae, f.: die Werkstatt
officii sedes, sedis, f.: das Büro
olus, oleris, n.: das Gemüse
operam sociare cum aliquo: mit jmdm. zusammenarbeiten
operarius, i, m.: der Arbeiter
operimentum, i, n.: die Decke, der Überzug
opifex, opificis, m.: der Handwerker
opificii sedes, sedis, f.: die Baustelle
opificii species, ei, f.: die „Schaustelle"
opus, operis calce structum, n.: der Beton
opus, operis fictile, n.: der Ton (Material)
opus, operis fundatum, n.: die Stiftung
opus, operis tessellatum, n.: das Mosaik
orchestra, ae, f.: die Orchestra, das Orchester
ordinare aliquem ad officium pastorale:
jemanden zum Pfarrer ordinieren
organum, i, n.: die Orgel
orientalis, e: östlich
Osacanus, a, um: aus Osaka (in Japan)
pabo, pabonis, m.: die Schubkarre

paenitentia, ae, f.: die Buße
pagina, ae domestica, f.: die Homepage
palaestricus, i, m.: der Turnlehrer
pallidus, a, um: bleich
pallium, i, n.: der Mantel
palmam accipere: in einem Wettbewerb siegen
paludosus, a, um: sumpfig
panificium, i, n.: das Gebäck
parietinae, arum, f. Pl.: die Ruine(n)
paroecia, ae, f.: die Gemeinde
patera, ae, f. cafaearia: die Kaffeeschale
paucitas, paucitatis, f.: die Seltenheit
pecuniam praebere: sponsern
pellicius, a, um: aus Fell
pellicula cinematographica vel pellicula: der Kinofilm
pelliculas conficere: Filme produzieren
penicillus, i, m.: der Pinsel
penitus, Adv.: von Grund auf, völlig
pentagonus, a, um: fünfeckig
perhibere, perhibeo, perhibui, perhibitum: darbieten
periegetes, ae, m.: der Tourist
perlustrare, perlustro, perlustravi, perlustratum: durchstreifen
perscrutari, perscrutor, perscrutatus sum: gründlich erforschen
phantasticum poema, poematis musicum, n.: das Musical
pharmacopola, ae, m.: der Apotheker
pictis imaginibus instruere: mit Bildern illustrieren
pictura, ae linearis, f.: die Zeichnung
pictura, ae udo illita, f.: das Fresko
piscina, ae, f.: der Teich
placitum est wie placuit + ut: man fasste den Beschluss
plano pede: im Erdgeschoss
plebanus, i, m.: der Leutpriester
pluteus, i, m.: das Geländer
poema, poematis epicum, n.: das Epos
politus, a, um: geschmackvoll eingerichtet
pomerium, i, n.: die Stadtgrenze
pompa, ae, f.: der Festumzug
popularis legatus, i, m.: der Abgeordnete
porcellana, ae, f.: das Porzellan
praefectus, i musicorum, m.: der Dirigent

praemandare, praemando, praemandavi,
praemandatum: vorbestellen
praepositus, i, m.: der Propst
praeteritorum artis operum recensio, recensionis, f.: die Retrospektive
pratum, i, n.: die Grünfläche
pravus, a, um: verdorben, unrecht
prima taenia cinematographica: der Eröffnungsfilm
privare, privo, privavi, privatum + Abl.: berauben
procreare, procreo, procreavi, procreatum: erschaffen
proelium populorum ad Lipsiam factum:
die Völkerschlacht bei Leipzig
promulgare, promulgo, promulgavi, promulgatum:
öffentlich bekannt machen
propagare, propago, propagavi, propagatum: weiter ausbreiten
propatulum, i, n.: der öffentliche Vorplatz
propositum tenere: an einem Plan festhalten
prospectus, us rusticus, m.: die Landschaftsansicht
prostypon, i, n.: das Relief
publicare, publico, publicavi, publicatum: konfiszieren
publicorum curruum electricorum contextus,
us, m.: die Straßenbahnlinie
pulchellus, a, um: niedlich
pulmo, pulmonis, m.: die Lunge
pulvinus, i, m.: das Polster
pupa, ae, f.: die Puppe
purgare, purgo, purgavi, purgatum: reinigen; zensieren
pusilli animi esse: kleingeistig sein
putus, i, m.: der Putto
pyrobolus, i, m. / pyrobolum, i, n.: die Bombe
quadrigae, quadrigarum, f. Pl.: die Quadriga
quatere, quatio, quassum: erschüttern, zerschmettern
ramus, i, m.: der Zweig
rebus antiquis addictus: der Antikefan
rectagonum, i, n.: das Rechteck
recubare, recubo, recubavi: sich bequem zurücklehnen
recuperare, recupero, recuperavi, recuperatum: wiedererlangen
redimiculum, i, n.: das Band
redimire, redimio, redimii, redimitum: bekränzen
rem divinam facere: Gottesdienst halten
rem publicam constituere: dem Staat eine Verfassung geben

repraesentare, repraesento, repraesentavi,
repraesentatum: darstellen, veranschaulichen
res, rei autocinetica, f.: der Automobilismus, das Kraftfahrwesen
rescindere, rescindo, rescidi, rescissum: abbrechen, abtragen
reverentia, ae, f.: die Ehrerbietung
ritus, us symbolicus, m.: die Zeremonie
rogus, i, m.: der Scheiterhaufen
rotunditas, rotunditatis, f.: die runde Gestalt
sabulum, i, n.: der Sand
sacellum, i, n.: das kleine Heiligtum, die kleine Kirche
saltatio, saltationis, f.: der Tanz, die Tanzveranstaltung
saucius, a, um: verwundet
scaenicae actioni aptare: ein Drehbuch schreiben
scalae, arum, f. Pl.: die Treppe
sceletus, i, m.: die Mumie, das Skelett
scheda, ae, f.: das Blatt
scopulus, i, m.: der Felsen
scriptura capitalis quadrata: die „Capitalis
quadrata", antike Schmuckschrift
sculpere, sculpo, sculpsi, sculptum: meißeln, bilden
sculptor, sculptoris, m.: der Bildhauer
scutularium, scutularii ferri, n.:das Eisenwalzwerk
scutum, i, n.: der Schild
secundum, i, n.: die Sekunde
sedes, sedis attractiva, f.: die Sehenswürdigkeit
sedile, sedilis, n.: der Sitzplatz
semaphorus, i, m.: die Ampel
seminarium, i, n.: das Seminar
septemtrionalis, e: nördlich
septies centena milia: siebenmal hunderttausend, also 700.000
sericus, a, um: aus Seide
sermo, sermonis cotidianus, m.: die Umgangssprache
serpens, serpentis, m.: die Schlange
servato temporis ordine: in chronologischer Weise
sibilare (nur im Präsensstamm): zischen
sigillum, i, n.: das Siegel
societas, societatis editoria, f.: der Verlag
societas, societatis multinationalis, f.: der multinationale Konzern
solarium, i, n.: die Sonnenterrasse
sortes, sortium, f. Pl.: die Aktien

specie: unter dem Vorwand, scheinbar
speciosus, a, um: ansehnlich
spectaculi cinematographici dispositor, dispositoris, m.: der Regisseur
spectaculum regere: die Regie führen
spectatum venire: ins Theater gehen
spirare, spiro, spiravi, spiratum: atmen; ausdünsten
stabulum, i, n.: der Stall
statio, stationis aeronautica, f.: der Flughafen
statio, stationis ferriviae, f.: der Bahnhof
stativa, orum, n. Pl. (zu erg. castra): die Kaserne
stella, ae, f.: der Stern
stratum, i, n.: das Kopfsteinpflaster
sub divo: unter freiem Himmel
sublicius, a, um: auf Pfählen ruhend
subterraneum, i, n.: der Keller
suggestus, us comae, m.: die Perücke
summa aedificiorum nexu coniunctorum: der Gebäudekomplex
supellex, supellectilis (f.) et instrumenta: Mobiliar, Hausgerät
supersedere, supersedeo, supersedi,
supersessum + Dativ: über etw. sitzen
supponere aliquid alicui rei: etw. unter etw. setzen
surripere, surripio, surripui, surreptum: entwenden
sursum, Adv.: oben
symphonia canit: das Orchester spielt
taberna, ae cafaearia, f.: das Café
taberna, ae nocturna, f.: der Nachtclub
taberna, ae potoria f.: das Café
taberna, ae sutrina, f.: die Schuhmacherwerkstatt
tabula, ae fictilis, f.: die Tontafel
tabula, ae picta, f.: das Gemälde
tabularium, i, n.: das Archiv, die Amtsstube
tabulatum, i, n.: das Stockwerk
taeniam cinematographicam exhibere: einen Film vorführen
tegimentum, i, n.: die Abdeckung
telephonium, i., n: das Telefon
telescopium, i, n.: das Fernglas
televisificus, a, um: fernseh-
Tempestas: „Der Sturm" (Zeitschrift und Galerie)
templum, i, n.: die Kirche
tenebricosus, a, um: finster

tentorium, i circense, n.: das Zirkuszelt
tesserarum venditor, venditoris iniquus, f.: der Schwarzhändler
testaceus, a, um: aus Schalentieren bestehend
textrina, ae, f.: die Weberei
theana potio, potionis, f.: der Tee
Theodiscus, a, um: Deutsch (Sprache)
tholus, i, m.: das Kuppeldach
tinctus, a, um: getränkt
tiro, tironis, m.: der Rekrut
titulus, i in lapide incisus, m.: die Inschrift
tonitrus, us, m.: das Donnergrollen
tonna, ae, f.: die Tonne (Gewichtseinheit)
topiarius, i, m.: der Kunstgärtner
trames, tramitis, m.: der Pfad
transitus, us, m.: der Durchgang
tremulus, a, um: zitternd
triceps, tricipitis: dreiköpfig
tridens, tridentis, m.: der Dreizack
trirota, ae, f.: das Dreirad
trucidare, trucido, trucidavi, trucidatum: töten
truncus, i, m. arboris: der Baumstumpf
turris, turris campanaria, f.: der Glockenturm
umbilicus, i, m: der Nabel, die Mitte
ungula, ae, f.: die Tatze, Klaue
urbanitas, urbanitatis, f.: der städtische
(ursprünglich i. S. v. ‚feine') Humor
urbanus, i, m.: der Stadtbewohner
ursus, i, m.: der Bär
ursinus, a, um: Bären-
vacuefacere, vacuefacio, vacuefeci, vacuefactum: evakuieren
vadum, i, n.: die Furt
valetudinarium, i, n.: das Krankenhaus
vectigalia exigere: Zoll eintreiben
vectigalia pendere: Zoll bezahlen
vehiculum, i, n.: das Fahrzeug
velamentum, i, n.: die Verkleidung
venari, venor, venatus sum: jagen
venatio, venationis, f.: die Jagd
venditor, venditoris, m.: der Verkäufer
venerabilis, e: ehrwürdig

venia, ae penitentiae, f.: der Ablass
vergere, vergo: sich erstrecken, gelegen sein
vesanus, a, um: wahnsinnig
vestimentum, i, n.: das Gewand
veteres, um, Pl.: die Alten (d.h. die Menschen der Antike)
vexillum, i, n.: die Fahne
via, ae arte munita, f.: die Chaussee
via, ae interclusa, f.: die Sackgasse
via, ae pompatica: die Triumphstraße
viator, viatoris, m.: der Reisende
vicinia, ae, f.: die Nachbarschaft
vidua, ae, f.: die Witwe
vigil, vigilis, m.: der Verkehrspolizist
vimentum, i, n.: das Flechtwerk
visus, us, m.: der Sehsinn
vitreus, a, um: gläsern
vitrum, i, n.: das Glas (Material)
volumen, voluminis, n.: die Buch- oder Pergamentrolle

Catalogus Imaginum

Karten: Andrea Weese

Antonia Wenzel: S. 62, 68, 84

Bildarchiv Preußischer Kulturbesitz: S. 91, 130, 148

Bundesarchiv: S. 88 (Bild 146-1998-010-21 / Klinke & Co. / CCBY-SA), 93 (B 145 Bild-P054320 / Weinrother, Carl / CC-BY-SA)

Stefan Kipf: S. 95

Wikimedia Commons: S. 22; 23, 24 (Martin Klitscher); 26 (Dieter Brügmann); 28 (Janusz Jurzyk); 29, 33, 34 (VollwertBIT!); 36 (User:Beek100); 38 (Konstantindegeer); 43, 44 (dalbera); 46 (Raimond Spekking); 49; 53; 55 (Dieter Brügmann); 57 (Beek100); 59; 64; 76; 77; 78 (Quid pro quo); 79; 82 (Christian Thiele); 97 (Deutsche Postkarte ca. 1918/19. Sammlung Superikonoskop); 104 (De-okin); 106 (Stephan Czuratis); 110; 112; 117 (Beek100); 114, 115 (Ziko van Dijk); 120 (Andreas Steinhoff); 123; 128 (Daniel van der Ree); 133 (Cafezinho); 135; 138 (Times); 140 (Andi oisn); 141; 151 (Manfred Brückels); 144 (Raimond Spekking); 146